PRINCIPIO Y FIN

CICLO DE VIDA
BASADO EN EXPERIENCIAS

Mayte Galdo

PRINCIPIO Y FIN
Ciclo de vida, basado en experiencias
Copyright © 2024 Mayte Galdo

***

Publicado por Hallard Press LLC   www.HallardPress.com

Diseño de portada: Pintora y autora Mayte Galdo.
Diseño interior y formato de capítulos: Laura M. Sánchez-Ramírez y Mayte Galdo

Edición: Laura M. Sánchez-Ramírez y Mayte Galdo

Formato general del libro: Eliza Osborn

Número de Control de la Biblioteca del Congreso: 2023921844

Publisher's Cataloging-in-Publication data

Nombres: Galdo, Mayte, author. (escritora)
Título: Principio y fin (Beginning and end) / by Mayte Galdo.
Descripcíon: The Villages, FL: Hallard Press, LLC, 2024.
Identificadores: LCCN: 2023921844 | ISBN: 978-1-962326-27-8 (Tapa dura) |
978-1- 962326-18-6 (Tapa blanda) | 978-1-962326-19-3 (eLibro)

Etiquetas: LCSH Galdo, Mayte. | Galdo, Mayte--Familia. | Cuba--Emigración e
Inmigración. | Cubanoamericanos. | Materiales en idioma español. | BIOGRAFÍA
Y AUTOBIOGRAFÍA DE BISAC / Artistas, Arquitectos, Fotógrafos |
BIOGRAFÍA Y AUTOBIOGRAFÍA / Cultural, Étnica y Regional / Hispano y
Latino | BIOGRAFÍA Y AUTOBIOGRAFÍA / Memorias Personales |
BIOGRAFÍA Y AUTOBIOGRAFÍA / Clasificación de mujeres: LCC E184.C97
.G35 2023 | DDC 973/.04687291--dc 23

ISBN: 978-1-962326-27-8 (Tapa dura)
ISBN: 978-1-962326-18-6 (Tapa blanda)
ISBN: 978-1-962326-19-3 (el libro electrónico)

Tengo seres queridos que piensan más en mí
que en ellos mismos.
Dedico este libro a todos
los que han sido parte de mi vida.

CONTENIDO

PROLOGO

Con su obra **Principio y Fin, Ciclo de Vida Basado en Experiencias**, Mayte Galdo deja al desnudo su corazón y nos regala sus sabios consejos, acompañados de una alegría que resalta como pinceladas de colores brillantes. Nos abre las puertas de sus recuerdos y de su hogar, donde encontramos romance, tradiciones, amor a la familia, y muchos valores que nos permiten ser mejores seres humanos.

Un libro sencillo pero inspirador en el que la autora nos invita a viajar en el tiempo a la Cuba de ayer y la que llegó después, a España, cuna de sus padres, que la recibió por un tiempo, y finalmente a Estados Unidos donde comienza de nuevo con su familia, simplemente con el deseo de vivir en libertad.

Mayte nos pasea por el camino de su vida y nos reta a hacer lo mismo con la nuestra. Nos muestra cómo el poder de enfrentar de una forma positiva los momentos difíciles, está en nosotros y hay situaciones que simplemente hay que dejarlas ir para poder vivir nuestro presente en bienestar y de esa forma preparar un futuro esperanzador y feliz.

Ella nos demuestra que podemos reinventarnos cada día, de acuerdo a nuestras circunstancias y que las limitaciones nos las trazamos nosotros mismos. Nos dice que somos responsables de escribir nuestro final feliz. ¿Qué dices? ¿Aceptas el reto?

Luz García-Castillo

Licenciada en Derecho y Magister en Administración de Empresas

de la Pontificia Universidad Católica

Madre y Maestra

República Dominicana

i

INTRODUCCION

Pintura acrílica sobre lienzo

"LUZ EN LA OSCURIDAD"

Mayte Galdo

Al terminar este libro, el lector podrá apreciar mi personalidad reflejada en él, tal como la luna lo hace en esta pintura. Aquí la luna, al empezar la tormenta, se oculta en la profundidad del mar, iluminándose con su esplendor la oscuridad. Igualmente, a veces queremos apartarnos del mal tiempo, pero es imposible apagar nuestra luz por más que nos ocultemos.

Aunque siempre me ha gustado escribir, pensé que nunca llegaría a editar un libro y mucho menos relacionado con mi persona. El objetivo de esta obra es ante todo hacerles pasar un rato entretenido mientras lo leen y, sobre todo, que se sientan motivados con cada narración.

Este libro no es una biografía. Sus capítulos tratan de experiencias vividas durante el transcurso de mi vida. Todo tiene un principio y un fin. El principio es el comienzo de algo que queremos construir y que nos va llevando, durante nuestras etapas hacía ese fin que siempre llega.

Tenía en mi baúl muchos escritos los cuales guarde con algún propósito futuro. Cuando mi hija, Laurita, los vio me embulló para que hiciera un libro, ya que tenía suficiente material. Al principio dudé y después de darme cuenta que tenía un nuevo proyecto en mis manos, decidí seguir sus sugerencias. Ella me ayudó muchísimo con la edición y el formato. También me beneficié con su compañía.

No puedo dejar de comentar que mi esposo también merece crédito por la ayuda que me ha dado todos estos años. Cada artículo que escribía se lo mostraba para ver si a él le gustaba como lector. El verificaba la ortografía y también opinaba sobre el tema y la forma de redactarlo.

MARIA TERESA GALDO (*Mayte*)

Capítulo 1

QUEREMOS DECIR TANTAS COSAS...

*"La lectura de un libro es un diálogo incesante
en que el libro habla y el alma contesta",
André Maurois*

**Somos protagonistas de nuestra historia hasta que llega a su
fin.** Nosotros mismos dirigimos nuestros destinos y, por difícil que sea
la situación, hay que levantarse y salir adelante. Nada ni nadie puede
robarnos la energía y la alegría de vivir.

A veces las emociones son tan intensas y las situaciones tan traumáticas
que nos vemos limitados al expresar nuestros sentimientos. Queremos
decir tantas cosas… pero no sabemos por dónde empezar. Entonces,
dejamos que el tiempo pase mientras pensamos en lo que podríamos
haber dicho. Escribimos notas, noticas y cartas para desahogarnos un
poco, pero después guardamos todo en el baúl de los recuerdos para que
el tiempo nos aclare los pensamientos.

Necesitamos tener mucha fortaleza para seguir adelante ante una
dificultad, aceptación para vencer nuestras limitaciones y sentido común
para estar dispuestos a entender cada tipo de reto que debemos superar.
Así podremos enfrentarlo con la entereza y paciencia necesaria.

No podemos desperdiciar nuestros años estancándonos en lo que ya no
existe. Recordemos que el pasado es parte de un capítulo perteneciente
a otra etapa vivida y ya terminada.

Al paso del tiempo, encontramos todas esas memorias que habíamos
guardado dentro del baúl y las juntamos. Nos damos cuenta que puede
ser una guía para el principio y el fin de nuestra novela de vida.
Comenzamos a leer en el presente lo que habíamos escrito en el pasado,
sin que nos afecte. Entonces, pensamos que con ese material podríamos
hacer nuestro libro, buscándole un final feliz.

Trataré de escribir este libro de una forma amena, intercalando páginas con historias diferentes, para que el lector no se aburra y se sienta motivado con la lectura. Espero que Dios me dé la sabiduría para poder lograrlo.

Capítulo 2

DETENTE...
HUELE LAS FLORES

"Las nubes oscuras se convierten
en flores del cielo, cuando las besa la luz",
Rabindranath Tagore

Hemos pasado por muchos lugares. A penas nos hemos percatado de lo que nos rodea. Muchas veces necesitamos ir a resolver algo a un sitio determinado y no tenemos ni idea a dónde queda, pero cuando llegas al lugar te das cuenta que has pasado por ahí muchas veces. Hace algún tiempo que estoy tratando de fijarme bien en casi todos los detalles de los lugares por donde voy, creo que esto me ha ayudado bastante.

Nuestra mente se satura de tanto pensar; las preocupaciones, los planes y otros asuntos nos roban hasta el sueño, y al final llega el momento en que tú no eres el que piensa realmente, sino el robot en que te estás convirtiendo que lo hace por ti. Hay que parar y reflexionar por sí mismo, piensa, respira y huele las flores.

Hablando de flores, mi hija me envió un precioso arreglo floral de rosas, claveles y lirios, el cual coloqué en la mesita de la sala. Al llegar el anochecer, mi esposo y yo nos sentamos a conversar de muchas cosas que para nosotros eran bien importantes. De pronto, empezamos a sentir un olor, un aroma, una fragancia, un perfume, ¡ni sé cómo describirlo! Era algo diferente, exquisitamente delicado.

No sabíamos de dónde provenía. Como la casa estaba abierta, pensé que venía de afuera y no le dimos más importancia. A medida que pasaba el tiempo, ese aroma se expandía más. Cerramos y, entonces, nos convencimos que el olor estaba dentro de la casa y tenía que ser las flores. Fui hasta la mesita y, efectivamente, era el aroma de los lirios del arreglo floral que expedían esa delicada fragancia.

Así cambiamos nuestro enfoque y disfrutamos del perfume de los lirios y del amor que contenía ese arreglo floral. Nuestra conversación tomó otro rumbo y nuestras energías se volvieron a cargar.

Detente, huele las flores… pero si hablamos desde otro punto de vista, recuerda no quedarte siempre oliendo las flores. También debemos prestar atención a otras cosas importantes, las cuales a veces las obviamos.

Capítulo 3

A TRAVES
DEL TIEMPO ...

"La experiencia siempre es una guía confiable.
Pueda que no te lo diga todo, pero nunca miente",
George Sam

No cabe duda. Ya pertenecemos a una generación que se originó unas cuantas décadas atrás. Tenemos ciertas costumbres y pensamientos que muchos creen que son cosas de antes, que ya estamos fuera de moda. Me pregunto: ¿antes, de qué?

A mí me gustan las nuevas ideas, pero como en todas las épocas, algunas funcionan y otras no. Así que hay que tomar la mejor decisión antes de aplicarlas. Definitivamente la experiencia de vida nos ayuda mucho para poder dar sabios consejos. A muchos no les gustan que les den consejos porque piensan que ya todo lo saben. Es bueno escuchar siempre a las personas que nos quieren, sus consejos pueden ayudar para llegar a una buena conclusión, basada en nuestro juicio. Recuerde que no importa la edad, siempre podemos aprender algo nuevo.

Pienso que cada cierto tiempo, la vida nos cambia, es como si empezáramos un nuevo ciclo de vida. Aprovechémoslo. Es la oportunidad para expulsar todo lo que hace al ser humano infeliz. Rencores, dolor, penas inseguridades, frustraciones, nostalgias o arrepentimientos. Es hora de dejar entrar todo aquello que nos proporciona paz y alegría; no querer mostrar ser feliz si no ser realmente feliz.

Tenemos que darnos la oportunidad de vivir nuestra propia vida con entusiasmo, con nuestros gustos, con nuestras propias decisiones, ideas y convicciones. Hay que seguir adelante lo más que podamos, sin ataduras y sin ponernos nosotros mismas restricciones. A veces, sin darnos cuenta, adquirimos las costumbres y los gustos de los que nos rodean; mientras vamos dejando de ser nosotros mismos. Seamos como somos, no como otros quieren que seamos.

He leído ciertos artículos muy bien escritos, pero he notado que a la gente les satisface escribir esos que dan tristeza y angustia. Otros artículos, con el mismo tema de siempre: de arrepentimientos, de pedir perdón, de suplicar, de tragedias, etc. ¡La gente se asusta! Muchas personas buenas que actúan de buena fe, que no le han hecho daño a nadie, que viven una vida digna, sólo tienen que agradecer por lo que son.

Leer es una forma de entretenerse y de adentrarnos en un mundo de conocimientos, buscando diferentes temas que nos brinden buenas y entretenidas enseñanzas, que nos den paz mental y desarrolle nuestra capacidad intelectual. Tengamos nuestras propias ideas y decisiones, sin ataduras mentales, como seres individuales, no hay que seguir haciendo y pensando lo que dicen los demás, si consideramos que no es lo lógico.

A veces es verdad que una persona no puede llegar a una conclusión, en este caso es bueno, tener la opinión o el consejo de alguien con más experiencia. De vez en cuando no olviden de escuchar a esas personas de varias décadas atrás. Muchos piensan que pueden estar pasadas de moda, pero a veces dicen consejos que funcionan muy bien para las nuevas generaciones. Escuchar es de sabios, nosotros no podemos saberlo todo.

Capítulo 4

I LOVE YOU MAMI...

"Madre hay sólo una. No la ames en pasado o futuro.
Amala en presente",
Pedro Pantoja Santiago

Hoy **me publicaron en mis medios sociales un recuerdo de hace tres años.** No tiene ni paisajes, fotos, reflexiones, ni algo que sea muy llamativo, todo está en blanco. Traté de agregarle algo, pero no pude.

Me detuve a pensar y llegué a la conclusión que esa frase que mi hijo me envió, no necesita más adornos. Solamente con "I LOVE YOU, MAMI" (Te quiero, Mami) se llena todo ese espacio vacío con amor y bondad. En sí no es la frase, sino quien la dice y los sentimientos tan profundos que encierran.

Para una madre esto es algo grande ya que se siente querida y orgullosa de haberle enseñado a sus hijos valores humanos, a expresar sus sentimientos. No queremos hijos perfectos, pero sí hijos que nos hagan sentir bien.

Hoy en día es ya una costumbre repetir, como una rutina "I love you", como un saludo a cualquier persona. Nosotros, humanamente, no podemos querer a todo el mundo por igual. Esta expresión amorosa solamente la debemos guardar como una exclusividad para decirla y como un honor cuando nos la dicen.

- I LOVE YOU, SON! (¡Te quiero, hijo!).

Capítulo 5

¡GRACIAS LAURITA!

"Hasta que no hayas amado a un animal,
una parte de tu alma permanecerá dormida",
Anatele France

Ya camino toda la casa sin ninguna dificultad. Sin embargo, aún me cuesta un poco de trabajo evadir los obstáculos cuando salgo al patio, por el problema de mi vista. Tengo que tener mucho cuidado hasta que pueda aprender bien todos los lugares.

Hoy, ¡he pasado un susto tremendo! Y creo que fue por falta de cálculos. Por suerte no tuvo malas consecuencias. Aquí estoy todavía para hacer el cuento, Laurita, mi hermana, se ríe de mí por la gran hazaña que logré.

Salí al patio con mis padres y mi hermana se quedó adentro de la casa ya que tenía que trabajar en la computadora. No me gustó que no pudiera salir para disfrutar de un día tan hermoso conmigo, siempre nos divertíamos cuando juntos.

Me acomodé debajo de un árbol, y con la brisa tan agradable me fui adormeciendo hasta quedar dormido. No sé cuánto tiempo pasó. ¡Me desperté de repente cuando escuché que me llamaron, "Happy" … Ya era la hora de entrar.

Enseguida me levanté y salí corriendo, pero calculé mal y, aunque me avisaron, no me dio tiempo de evitar caerme en la piscina. Mi hermana que escuchó lo que estaba sucediendo soltó la computadora y salió corriendo. Entonces sin pensarlo, se tiró al agua para rescatarme. Ella se asustó mucho porque yo apenas veía y creía que no sabía nadar.

En ese momento me acordé de las Olimpiadas y, sin saber cómo, apliqué la técnica de estilo libre. Nadé y nadé con todas mis fuerzas para llegar a la meta, el final de la piscina. Gracias Laurita, pero creo que nado más rápido que tú. Por poco te ahogas y fui yo el que te tuve que salvar la vida.

El esposo de mi hermana va a la playa a practicar natación. Creo que voy a empezar a ir con él para así también aprender a nadar mejor. Quiero competir en el próximo maratón, en la categoría de "perritos pequeños".

Capítulo 6

EL VALOR DE UN REGALO...

"El mejor regalo que podemos darle a otra persona es nuestra atención íntegra",
Richard Moss

Hoy me puse muy feliz porque recibí un centavo.

Tal vez muchos se pregunten por qué me gustó tanto que me hayan dado este simple regalo. Las cosas más insignificantes están llenas de valor, sólo depende de la persona que lo reciba y de quién lo ofrezca.

Este regalo me lo dio mi nieta más pequeña, Khaleesi. Lo buscó y con su idioma español a medias, me dijo:

-   Es para tú. Te quiero.

Lo que más me gustó fue que lo hizo por su propia voluntad.

Los niños son a veces sabios y más receptivos que las personas mayores. Ellos observan todo y son capaces de brindarnos amor hasta con un simple centavo.

Nuestro primer regalo fue de nuestra madre, el regalo de la vida. Nos recibió en sus brazos, nos fue enseñando mientras crecíamos y siguió dándonos todo su amor, aún después de adultos. Ella merece que la honremos por este premio tan maravilloso y valioso, el cual siempre debemos cuidar con esmero.

Siempre les compraba a mis nietas mayores, Natalie y Gabby, los trajes de baño en el verano cuando eran pequeñas. Sabía lo mucho que les gustaban cuando se los ponían porque, sólo al ver sus caritas de alegría, me hacían sentir feliz al regalárselos. Ellas siempre me decían: "Gracias, abuelita". No sabían lo que me emocionaba oír que me dijeran abuelita. Hoy en día también me llaman así, lástima que viven lejos ahora.

Otro regalo que siempre les hacía eran los disfraces que yo les confeccionaba en Halloween. Eran muy pequeñas cuando les hice sus disfraces por primera vez, ya que después de jóvenes ellas preferían comprárselos. A la menor, que apenas tenía un año, le hice un disfraz de Caperucita Roja, mientras que, a la mayor (de dos años), le confeccioné uno de Princesa Medieval, de color fucsia con lentejuelas plateadas. Mi hija siempre las tenía, desde que se levantaban bien arregladitas, pero ese día estaban divinas con esos disfraces. Salimos las cuatro disfrazadas y la pasamos muy bien. Este fue un hermoso regalo que disfrutamos juntas.

En cualquier momento del año se puede entregar un regalo. No hay que esperar una fecha específica ya que siempre pienso que es mejor dar que recibir, sobre todo si esto viene acompañado de afecto y cariño. A veces nos regalan por compromiso y otras veces recibimos regalos muy afectivos que nos llenan de felicidad, sin importar el valor. De cualquier manera, vemos en la acción de la persona qué tanto nos quiere.

Capítulo 7

RECUERDOS GUARDADOS...

"Los recuerdos son tesoros que se mantienen atrapados en el almacén de nuestras almas, para mantener el corazón caliente cuando estamos solos",
Becky Aligada

GRACIAS A LA VIDA. Bonito título de una canción que tiene una bella letra. Yo, le doy gracias a mi memoria que me ha dado tanto, en donde almaceno los buenos y los malos recuerdos.

Dicen que la memoria inmediata es la primera que se pierde cuando vamos cumpliendo años. Por ejemplo, cuando voy a leer busco mis espejuelos y comienzo la lectura sin ponérmelos, hasta que me doy cuenta que no estoy viendo muy claro. Gracias a Dios que aún me quedan muchos recuerdos de años atrás.

De vez en cuando, me acuerdo con mucho cariño del barrio donde nací y crecí. La verdad es que los dulces eran mi delirio y, casualmente, el nombre de la calle donde vivía era Pozos Dulces. Iba casi todos los días a la bodega de la esquina a comprar diferentes golosinas: coquito quemado, boniatillo, masareal, caramelos, chambelonas y todo lo demás que se me antojara. Los dulces en esos años eran muy baratos y, con diez centavos, llenaba mi cartuchito (bolsita) para mi deleite. Ahora vivo en otra calle y a penas como dulce. ¿Será casualidad o coincidencia?

Han pasado muchos años y tengo demasiados recuerdos acumulados, pero aún mi mente tiene la capacidad de mantenerlos vivos para poder escribirlos y contárselos en este libro. Los recuerdos buenos son como cuentos guardados que nunca queremos olvidar.

No importa si sigo olvidando mis espejuelos, pero ojalá, que jamás olvide mis cuentos guardados ...

Capítulo 8

CELEBREMOS EL CUMPLEAÑOS...

"Como yo lo veo, deberías vivir cada día
como si fuera tu cumpleaños",
Paris Hilton

Cuando yo era niña, no se acostumbraba a celebrar las fiestas de cumpleaños. Tal vez por eso nunca fue mi prioridad cumplir años. Esto no quiere decir que mis padres se olvidaran de esa fecha, porque, cuando llegaba siempre yo tenía ropa y zapatos para estrenarme, así como todo lo que quisiera.

Según fui creciendo empecé a asistir a las fiestecitas del barrio, lo que le llamaban un "pique cake". No era costumbre hacer grandes comidas, pero siempre podíamos encontrar bocaditos, pastelitos y refrescos, por supuesto el cake era primordial para soplar las velitas y pedir un deseo. Después de cantar el *Happy Birthday,* continuaba la música y bailábamos hasta el anochecer. Me encantaba y disfrutaba estas reuniones con las amistades.

Al cabo del tiempo, ya muchas de mis amigas estaban alrededor de los quince años. Las muchachitas añoraban llegar a esa edad ya que se hacía una gran fiesta para presentarla ante la sociedad como una jovencita que estaba dejando de ser niña. Las fiestas eran elegantísimas, la quinceañera y el chambelán (el acompañante) se vestían de gala.

Catorce parejas formaban la Corte de Honor. Unas semanas antes de la fiesta ensayaban la coreografía de inicio, un vals. Todos los vestidos de las damas eran de diferentes colores, tela liviana y falda bien amplia. Así cuando bailaban llamaban más la atención con cada movimiento, parecían que flotaban al ritmo del vals. Era algo espectacular y tuve la suerte de participar en varias de estas coreografías. Terminada la presentación de la quinceañera, las jóvenes de la corte se cambiaban por un vestido más cómodo para seguir bailando. Todos los demás invitados se unían a la fiesta y comenzaban a divertirse con la celebración.

En mi país, las cosas habían cambiado drásticamente. Cuando llegaban los cumpleaños de los niños, el gobierno sólo permitía comprar un *cake* y refrescos. Nosotros completábamos con ensalada fría, croquetas y bocaditos para servir en las fiestecitas. Todos los niños disfrutaban con entusiasmo y los padres también.

Recuerdo una vez que mi esposo fue a buscar los refrescos a la bodega para el cumpleaños de nuestra niña. El cargó las dos cajas de madera en el hombro con las botellas y empezó a subir la escalera del edificio. Esta era bastante empinada y, cuando llegó a un descanso, tropezó con el techo y se cayó de espalda. Nosotros estábamos en el tercer piso cuando oímos el estruendo y enseguida bajamos corriendo. Nos espantamos al ver a mi esposo que estaba entre los vidrios bañado por los refrescos. Muchas botellas se rompieron, pero por suerte no le pasó nada. Sólo fue el susto.

Durante los años, hemos seguido celebrando los cumpleaños siempre, ya sea una fiesta con muchos invitados o simplemente solos. Esto es un acontecimiento muy especial para cada persona. Fue el día en que iniciamos nuestra vida y, por tanto, no debemos ignorarlo.

Capítulo 9

MIS TRAVESURAS...

Dicen de ti: "Eres un ser humano"
Dicen de mi: "Es un animal"
Y no se han dado cuenta
que nuestra diferencia está en algo muy simple:
Tú, piensas que me quieres
Y yo, te quiero sin pensar.
Tu Perro

Mi nombre es Happy. Soy feliz, ya que esto hace honor a mi nombre. Este nombre me lo puso mi mamá, ella no quería tener perritos, pero no pudo resistirse a mis encantos.

Me llevaron para su casa solamente con 4 meses y, cuando yo la vi, pensé que tenía que hacer algo para que se enamorara de mí. Ella, me miró y lo primero que hice tan pronto me cargó fue llenarle la cara y el cuello de besitos y brindarle una de mis mejores sonrisas. Entonces dijo, "¡Que perrito tan feliz! Vamos a ponerle el nombre de Happy (feliz)". Yo me sentí muy contento porque noté que me había aceptado.

Al principio, me fue un poco difícil porque mis padres trabajaban y mi mamá me sacaba a pasear muy temprano. A veces no podía esperar a que ella volviera y le dejaba un regalito en el medio de la sala. Yo tenía mi cajita, pero se me olvidaba donde estaba. Recuerdo que un día ella se puso brava. Al principio me asusté, pero después que le moví la cola y se sonrió. Al otro día me puso tras una reja, en la cocina… ¡Preso! Me entretuve jugando con mi cajita de hacer las necesidades, hasta que me cansé. Sentí ganas de ir al baño y se me ocurrió escalar la reja, para así poder llegar a la sala y dejarle otro regalito. ¡Wow, esta vez sí que se puso brava de verdad!

Al día siguiente, antes de ella irse, empezó a mover el sofá para la entrada de la cocina y pensé que íbamos a mudarnos, pero por suerte no fue así. Me cargó, me puso dentro de la cocina y le arrimó el sofá después de cerrar la reja. ¡Me quedé preso de nuevo! Pensé en una estrategia y, con mucho cuidado, escalé de nuevo la reja, me lancé al sofá y llegué a la sala. Cuando ella llegó y vio lo que hice otra vez me cargó, agarró mi regalito y me enseñó dónde ponerlo. Me dio mucha vergüenza de ver cómo ella me enseñaba con su dedo índice donde tenía que dejarlo. Perdió un poco la paciencia y, al mostrarme el lugar dentro de la cajita, le dio con el dedo a la cajita y se lo lastimó. ¡Pobre mamá!

A partir de entonces fui un perrito muy bueno y obediente. Yo nunca he roto nada. Soy sociable, muy alegre y muy agradecido por la vida que me ha tocado vivir y por las personas que me dan su cariño.

Han pasado los años…

Ahora que ya soy *senior* (adulto), me siento cansado, pero parece que sigo siendo hermoso, ya que muchos me dicen lindo. Estoy perdiendo la vista, pero al oír que se me acerca alguna perrita, empiezo a caminar derechito y rápido, sólo para que crea que aún estoy en *shape* (forma).

Al otro día, después de mi paseo al regresar a la casa, me llamó la atención el arbolito de Navidad que estaba encendido y pude notar sus luces resplandecientes. En ese momento pensé hacer una travesura antes que se acabara el año. Se me ocurrió sentarme al pie del arbolito junto al Nacimiento. No sé cómo lo pude hacer.

Creo que a mi mamá le encantó "mi idea" y se apresuró a buscar la cámara para tirarme fotos. Estoy seguro que yo lucía precioso como parte de los adornos del arbolito. No es… que sea alardoso… Simplemente, me gusta decir la verdad. No podía dejar pasar el año sin retratarme con el arbolito. Desde ese día, me hice el propósito de estar debajo del arbolito para ser parte de la decoración en cada Navidad.

Capítulo 10

MI ARBOLITO DEL ALMA...

"La Navidad no se trata de abrir regalos,
se trata de abrir nuestro corazón",
Janice Maeditere

Aún no he puesto mi arbolito de Navidad. Lo he estado pensando mucho, porque quiero hacer algo distinto, un arbolito lleno de sentimientos. Es difícil de entender, ya sé.

Me lo imagino fuerte, frondoso, con ramas color de esperanza, de las cuales emane un aroma dulcemente suave, que inunde todo el espacio.

En la cúspide pondría mucha fe y la rodearía con un halo de perseverancia y buena voluntad, para guiar a todos por el camino de la vida.

Lo abrazaría con cintas verdes entrelazadas para así mantener la esperanza de que algún día logremos unirnos y así dejar un legado de paz y armonía a las generaciones futuras.

Y para terminarlo, lo salpicaría de felicidad y bondad, con una alegre guirnalda de colores brillantes, para que todo el que lo admire pueda ver con claridad todo el amor que encierra mi querido "arbolito del alma".

FELIZ NAVIDAD PARA TODOS y un próximo año lleno de salud, amor y prosperidad.

Capítulo 11

LASTIMA POR EL PUERQUITO

*"La Navidad no es un momento, ni una estación
sino un estado de la mente.
Valorar la paz y la generosidad y tener merced
es comprender el verdadero significado de la Navidad",
Calvin Coolidge*

El Día de Nochebuena nos reuníamos para esperar el nacimiento del niñito Jesús. Compartíamos una cena con familiares y amigos sin que faltara el entusiasmo y la música. También, sentíamos un poquito de nostalgia cuando recordábamos aquellos que ya no estaban.

Ya han pasado muchos años, pero no puedo olvidar que el día antes de Nochebuena íbamos con papi al Mercado Único. Allí vendían de todo lo necesario para poder hacer una grandiosa cena. No eran las compras de rutina, era algo especial como turrones, mazapán, membrillo, nueces, avellanas, frutas, vinos y sidras. No podía faltar las especies ni la naranja agria para adobar al pobre puerquito, el cual era sacrificado para el disfrute de todos los comensales.

Al regresar a la casa, papi hacía el adobo para el puerco y lo ponía a marinar unas cuantas horas. Al otro día temprano, lo llevaba a hornear y lo recogía horas antes de comenzar la cena del 24 de diciembre.

¡Qué lástima por el puerquito! Cuando llegaba a nuestra mesa con ese olor tan delicioso y ese pellejito tan tostadito, se nos hacía agua la boca y no podíamos dejar de probarlo.

¡Se veía demasiado tentador y apetitoso! Al llegar la noche, todos disfrutábamos de la gran cena, se tomaba vino y se brindaba con sidra. Era costumbre quedarnos sentados cuando terminábamos y pasar la noche disfrutando de conversaciones muy amenas, haciendo chistes y contando anécdotas de tiempos memorables.

Yo era muy pequeña y no lo recuerdo, pero mami me contaba que, en una Nochebuena, al terminar el brindis, yo me había desaparecido... ¿dónde podría estar? Empezaron a buscarme por toda la casa, que era bien grande, y al fin me encontraron.

Estaba en el baño, debajo de una bañadera antigua (con patas), completamente dormida. Bueno, vamos a decir la verdad: estaba borracha. Dormí hasta el otro día y no me acordaba nada de lo que pasó. Sucedió que, a la hora de brindar, me uní a la celebración y quise compartir la sidra. Mientras todos hablaban, yo tomaba lo que iban dejando en las copas. Hoy en día pienso que tal vez tenga un trauma y es por eso que no me gusta tomar.

Saben algo, este año voy a celebrar en la casa sólo con mi esposo y brindar por la salud, el amor y por la tranquilidad de nosotros y de los seres queridos. A él le gusta el vino y yo voy a hacer una excepción con una copa (o dos) bien llena de COQUITO. Lo preparé en casa con bastante ron, así me quito el trauma para siempre.

¿No creen? ...

Capítulo 12

MR. WHAT...

*"Acepta. No es resignación, pero
nada te hace perder más energía
que el resistir y pelear por una situación
que no puedes cambiar",*
Dalai Lama

Era una figura blanca de material plástico sin ninguna clase de diseño. Un día, mi hijo me la regaló con la finalidad de que creara un personaje. Jamás había hecho ese tipo de arte y no tenía idea de lo que pudiera crear para que tomara vida.

Siempre he acostumbrado a pintar en el lienzo con pintura acrílica. Un día de ocio, busqué los pinceles y la pintura, pero no tenía ningún lienzo para trabajarlo. Vi la figura tal y como la había guardado en el closet; entonces, decidí hacer algo con ella.

La tomé en mis manos y comencé a ponerle pintura mientras iba creando... ¿qué? Al Señor Qué. De ahí su nombre, Mr. What. Al inicio, yo misma me extrañaba de lo que estaba haciendo; pero, a medida que le fui dando colores, se me iba pareciendo más a un ser humano.

El físico de Mr. What demuestra una gran frustración y cólera; aunque en el fondo es el dolor que encierra dentro de él. Es como si pensara que su vida es un producto de la sociedad; pero en el fondo, sabe que él es el responsable de escoger su destino.

Siempre está haciéndose preguntas:

- ¿Qué?

- ¿Cómo?

47

- ¿Dónde?

- ¿Cuándo?...

En su mente sólo tiene interrogantes:

- ¿Qué sigue?...

Cuando lo terminé, llegué a sentir cariño por él.

Capítulo 13

NADIE SABE LO QUE TIENE HASTA QUE LO PIERDE

"Iniciar un nuevo camino asusta,
pero después de un tiempo descubres
que era más peligroso permanecer en el mismo sitio",
Roberto Benigni

Cuba **era una isla en pleno desarrollo.** Allí existían todas las innovaciones de la época. No cabe duda que "era" hermosísima tanto por sus construcciones como por sus paisajes naturales. Su ubicación geográfica facilitaba el acceso a cualquier lugar del mundo.

Ultimamente, he estado viendo muy a menudo imágenes de este país tan hermoso, publicadas en las redes. Cuba era un país en pleno desarrollo, donde existían todos los adelantos de la época. Hoy en día, sólo queda un gran deterioro causado por el abandono y la indiferencia de las autoridades de la isla.

Yo era pequeña, pero recuerdo perfectamente los mismos edificios de las grandes empresas que veo en las fotos. Muchos de ellos eran inversiones extranjeras que ofrecían empleos a cubanos o negocios de los mismos ciudadanos.

En los primeros años de la revolución castrista comenzaron las intervenciones; no sólo a negocios de americanos, sino también a muchos negocios pequeños de los cubanos. Aquellas personas que poseían más de una propiedad, el gobierno se las confiscaba, sólo le dejaban la casa donde residían.

Muchos emigraron al ver el giro que estaba tomando el nuevo gobierno. Todos aquellos que se marchaban estaban obligados a entregar todas sus propiedades, e incluso renunciar a su ciudadanía cubana. Antes de salir del país, las autoridades hacían un inventario de todas las propiedades existentes en la casa. Así, después que los residentes eran forzados a salir, las autoridades clausuraban todo acceso a la propiedad. Las personas que estaban en esta situación tenían que buscar donde pasar los días, hasta que les tocara tomar el avión para abandonar el país.

Algunos cubanos apoyaron al sistema, al principio, creyendo en los engaños y las falsas promesas del sistema. Los atropellos del gobierno de Cuba, nunca se olvidarán. Se perdieron muchas cosas materiales y la familia se desintegró. Y entre pérdida y pérdida, al final, se perdió todo tipo de la libertad: Libertad de expresión, de tener propiedades, de tomar decisiones propias para estudiar carreras universitarias y de viajar a donde uno desee, entre otras.

Estoy segura que muchos de los que salimos y los que aún siguen en Cuba, tienen muchas historias que contar, algunas parecen cuentos de horror, pero todo es un escenario muy triste. Algunos creen, otros no. Hay quienes cierran los ojos sin ver la realidad. Muchos se darían cuanta, demasiado tarde, que nadie sabe lo que tiene hasta que lo pierde.

Capítulo 14

HASTA DONDE SOMOS CAPACES...

"Cuando hay una tormenta, los pájaros se esconden
pero las águilas vuelan más alto",
Mahatma Gandhi

La *histeria colectiva está influyendo en el carácter de las* ***personas.*** Esto, está aumentando, considerablemente, en los problemas de estrés y ansiedad existentes en nuestra sociedad. El auge de los medios sociales y mensajes de texto ha hecho que la gente se involucre más en todo lo negativo, tal vez sin darse cuenta.

Es verdad que la situación está difícil. Después de vivir tantas cosas buenas y malas, he llegado a pensar que, mientras todo está al borde del abismo, nosotros tenemos que mantenernos a flote. En ese momento, nos pudiera parecer que el mundo se nos quiere venir abajo por tantos inconvenientes juntos que se van presentando. Pero, a su vez, hay que recordar que todo se puede remediar utilizando nuestra sabiduría y paciencia para tener resultados positivos.

El carácter y la fortaleza de cada individuo se mide cuando existe una situación de crisis. No es momento de nervios y discusiones, sino de calma y entendimiento. Es la oportunidad para probarnos nosotros mismos, con nuestros actos, hasta donde somos capaces de enfrentar determinada situación. Es saber apreciar cuanto queremos y nos hacemos querer.

Estamos aislados de muchas personas que quisiéramos tener cerca; pero, sin embargo, se nos ha presentado la oportunidad de estar en nuestra casa conviviendo con parte de nuestra familia más allegada.

Hay que vivir en paz y saber apreciar todo lo que tenemos en nuestro hogar. Ese es nuestro templo de amor y nada, ni nadie, puede hacer que se nos destruya.

Capítulo 15

UN AÑO MAS QUEDO ATRAS...

Y dejas abiertas las ventanas de tu alma,
Por medio de la alegría,
todos los que pasan por la calle en tinieblas
Serán iluminados por tu luz",
Mahatma Gandhi

La ciudad se cubría con un manto de bruma. La oscuridad era impactante y el silencio nos hacía pensar que no existían personas a nuestro alrededor. Sabíamos que algo tenía que llegar, que aún no era el momento. Desde lo más alto, esperábamos incondicionalmente... sin tiempo. Aguardamos pacientemente ya que estábamos seguros de que pronto nos sorprenderíamos con lo que estaba por suceder.

Mientras aguardábamos, conversábamos recordando aquellos momentos que nos hicieron felices de nuestra vida compartida con nuestros seres queridos y amistades. Esos años de nuestra niñez y juventud estaban llenos de anécdotas, aventuras y diversiones; aquello que nos dejó en el alma la dulzura de haber vivido diferentes etapas durante el transcurso de muchos años. Sabíamos que era una noche de felicidad y alegría donde los recuerdos no gratos deberían ser omitidos.

De pronto todo cambió y no sabíamos a donde dirigir la vista. El cielo se fue aclarando, el ruido comenzó y los gritos de júbilo se escuchaban por doquier. Todo se iluminó, comenzaron los fuegos artificiales con sus resplandecientes luces de colores haciendo desaparecer casi toda la oscuridad.

Se quedó todo atrás, pero nosotros seguíamos ahí, contagiados con la alegría de los demás. Guardamos los recuerdos maravillosos del año que acababa de terminar, nuestra unión y nuestro eterno amor. Lo demás, lo que nos ocasionó pesar, lo dejamos atrás.

Comienza nuevamente un año. Resplandecerá con una luz blanca y natural todo lo que anhelamos, llenándonos de paz, esperanza y felicidad.

Capítulo 16

MI QUERIDA MAMA ...

"Dios no pudo estar en todas partes
y, por lo tanto, hizo a las madres",
Rudyard Kipling

**A*cabo de encontrar una foto de mi mamá, guardada en el*
baúl de los recuerdos. Su nombre era Aurelia, nacida en Lugo,
España. Ella salió de muy jovencita para Cuba, donde formó su familia
y vivió hasta el fin de sus días.

Para mí que mami nació en un tiempo equivocado. Ella era una mujer
muy moderna para la época que le tocó vivir. Aunque no tenía una
escolaridad muy avanzada, sabía comportarse donde quiera que fuera.
Era de un carácter firme, pero a la vez muy dulce, extremadamente
paciente y siempre estaba dispuesta a ayudar a los demás.

Recuerdo que, en una Nochebuena, cuando yo tenía como once años, la
familia estaba sentada en el portal de la casa después de cenar. Pasado
un rato, mi mamá distinguió a un hombre tirado en el medio de la calle,
completamente ebrio. A pesar que le dijeron que no lo hiciera, decidió
ayudarlo y lo arrastró hacia la acera, temiendo que lo atropellara un auto.
Aunque no conocía al señor, hizo algo muy piadoso. Esta era la forma
en que ella me enseñaba los valores humanos, como la compasión y la
bondad. Mami siempre nos decía el refrán, "haz bien y no mires a quién"
y esto jamás lo he olvidado.

En otra ocasión, yo estaba ayudando a mi mamá en el negocio de la
familia. Ella era muy trabajadora y nunca se quejó de lo que hacía. Es
más, mientras trabajaba siempre se ponía a cantar. Me enseñó que las
cosas que hay que hacer se hacen lo mejor que se pueda y con alegría.
Así nos educaba, con sus ejemplos.

Me encantaba hacerla reír porque ella, cuando algo le daba gracia, no podía parar el ataque de risas. En una ocasión llego al negocio un cliente con incapacidad auditiva. Como niña al fin, se me ocurrió una travesura. Cuando el señor saludó, yo le contesté apenas moviendo la boca, y así seguí susurrándole. Mami estaba más atrás y me abría los ojos para que yo no siguiera, pero a la vez le empezó un ataque de risa que no le permitió salir a atenderlo. Después que se fue pensé que me iba a regañar, pero no. Simplemente, me dijo que nunca me burlara de alguien con dificultades.

La verdad hoy en día pienso que no lo debía haber hecho, pero lo que quería era verla reír mucho, con esas carcajadas contagiosas que tanto me gustaban. Dios la tenga en el cielo para salpicarlo de alegría.

Capítulo 17

LOS DISFRACES...

"La vida no se trata de encontrarte a ti mismo,
sino de crearte a ti mismo",
Bernard Shaw

Recuerdo que yo siempre les confeccionaba los disfraces a mis nietas. Era una diversión para mí, ya que después íbamos a disfrutar juntas por las calles llenas de decoraciones que abundaban en la ciudad. La pasábamos alegremente y con gran entusiasmo operábamos el día de *Halloween*.

Yo nunca me disfrazaba hasta que un día mi nieta Natalie me preguntó que por qué yo no me inventaba un disfraz para mí. Entonces, busqué entre mis retazos de tela y encontré un pedazo de rayas blancas y negras con el cual me hice una falda. También encontré un retazo blanco y formé la blusa para completar mi disfraz de pirata, acompañado de un pañuelo rojo y demás accesorios.

Animada por mi creación, me inspiré y le hice otro disfraz a mi hija de diosa griega. Para Natalie, le hice uno de sirena y para mi otra nieta, Gabriella, le diseñé uno de la princesa Jazmín. Ellas tendrían aproximadamente tres y cuatro añitos.

Casualmente, al año siguiente, la jefa donde yo estaba trabajando era muy entusiasta y nos pidió a todos que nos disfrazáramos para la fiesta de Halloween en la oficina. En esa ocasión, me hice un disfraz de española. Parecía que estaba destinada a seguir confeccionando diferentes diseños para esa celebración.

Desde entonces, me he hecho varios disfraces y me encanta porque mientras los disfruto es como si cambiara mi personalidad por un tiempo de diversión. Durante estos años, he usado diferentes trajes tales como de geisha, Madonna, hippy, reina de corazones, maga, mujer de las cavernas, entre otros. Todos me han dado gran satisfacción.

Así, he continuado disfrazándome, año tras año, para seguir esta alegre tradición. Siempre trato de usar disfraces creativos y bonitos que den buena energía.

"EL SHOW TIENE QUE SEGUIR"...

Capítulo 18

REFRANES Y DICHARACHOS...

"A buen entendedor,
con pocas palabras basta",
Refrán popular

Conversamos a diario con un sin número de personas. Muchas hablan de manera tal que enseguida nos damos cuenta que han recibido una buena educación, por las palabras precisas y claras, así como la forma de expresarlas. En ocasiones nos hacen sonreír con sus expresiones coloquiales, refranes o dicharachos. Hablar frecuentemente con ese vocabulario puede hacernos caer en la chabacanería. "HABLAR BIEN NO CUESTA".

Los refranes no dicen textualmente lo que significan, en inglés o en español, hay que interpretarlos, pero "A BUEN ENTENDEDOR CON POCAS PALABRAS BASTA". Ellos señalan hechos que suceden en la vida, los cuales se hacen populares al repetirse de generación en generación.

Uno de los primeros dichos o dicharachos que aprendí en Nueva York fue, *"IT'S A PIECE OF CAKE".* En la escuela, cuando la maestra nos enseñaba, a cada rato ella lo decía en medio de la clase. Yo realmente me confundía muchísimo y no comprendía lo que quería decir. Siempre pensaba qué era lo que tenía que ver un pedazo de cake con el tema. Al cabo del tiempo comprendí el verdadero significado. Ella se refería a algo fácil de hacer o solucionar, pero esto para mí fue un *"PAIN IN THE NECK"* (un dolor de cabeza).

Precisamente en estos momentos estoy pensando en esos refranes que escuchaba desde mi niñez. Muchos de ellos me los aprendí de tal manera que aún los recuerdo: "LO QUE BIEN SE APRENDE NO SE OLVIDA". Creo que es verdad ya que queda almacenado en nuestra memoria.

"NO HAY MAL QUE POR BIEN NO VENGA" lo escuchaba siempre que existía una situación caótica y se repetía con mucha fe, diciendo que "LA ESPERANZA ES LO ÚLTIMO QUE SE PIERDE". Se pensaba que ya todo se arreglaría porque "DIOS APRIETA, PERO NO AHORCA". Era verdad, poco a poco se iban acabando los problemas, ya que "NUNCA LLUEVE SIN ESCAMPAR". Llegaba el día en que, de una forma u otra, "LAS AGUAS IBAN ALCANZANDO SU NIVEL". Todo tenía solución en la vida porque, en definitiva, "LA MUERTE, ES LO ÚNICO QUE NO TIENE REMEDIO".

"DICEN QUE LA SUERTE ES LOCA Y A CUALQUIERA LE TOCA". Muchos tratan de lograr algo en la vida y se les dificulta grandemente. Se piensa que "EL QUE NACE PA' TAMAL DEL CIELO LE CAEN LAS HOJAS". Yo lo que creo que tiene mucho que ver con la personalidad de cada cual y la forma de actuar, aunque también que "HAY QUIEN NACE CON UNA ESTRELLA Y OTROS ESTRELLADOS". Puede ser que "EL DESTINO LE JUEGUE UNA MALA PASADA".

Hay un refrán que dice que "EL DESTINO ES EL QUE BARAJA LAS CARTAS, PERO NOSOTROS SOMOS LOS QUE JUGAMOS", distribuyéndolas de una forma tal que le podamos sacar el mejor provecho.

Uno mismo debe de ayudarse y "NO ESPERAR QUE TODO CAIGA DEL CIELO". Dejemos de "VIVIR DEL CUENTO" que "ESTAR EN EL TIBIRI TABARA", es muy divertido, pero no es beneficioso para nuestro futuro. "EL TIEMPO ES ORO" y hay que aprovecharlo si queremos seguir adelante, ya que "QUIEN DEL TRABAJO HUYE SU PORVENIR DESTRUYE". No olvidemos que, "SIEMPRE UNO RECOGE LO QUE SIEMBRA".

"UN PENSAMIENTO AFIRMATIVO ES 100 VECES MÁS PODEROSO QUE UNO NEGATIVO". Declaremos diariamente de forma enfática y positiva que "EL FUTURO SOLO DEPENDE DE NOSOTROS".

Los dicharachos y refranes "SON MAS VIEJOS QUE LA NANA", pero muchos son tan graciosos que "NOS REIMOS COMO LOCOS" al escucharlos. Son tantos que resulta imposible recordarse de todos, al menos aquí les dejé algunos y espero que lo hayan disfrutado.

Prefiero irme, "CON MI MÚSICA A OTRA PARTE" y "ECHANDO UN PIE". No quiero seguir escribiendo, ya siento que tengo como "PAJARITOS EN LA AZOTEA" de tanto pensar.

¡Esto me ha sido más difícil "QUE PONERLE UN FORRO A UN CATRE" … y yo que creía que iba a resultarme "A PIECE OF CAKE"!

"COLORÍN COLORADO, ESTE CUENTO SE HA ACABADO".

"¡HASTA LA VISTA, BABY"!

"¡SEE YOU LATER, ALLIGATOR"!

NOTA: Ja, ja, ja … no me hagas reír porque "TENGO LAS MUELAS DE VACACIONES" … Ja, ja, ja

Capítulo 19

SORPRESA DE NAVIDAD...

"No le pida nada a la vida. Espere…
y algún día la vida le dará una sorpresa maravillosa",
Alejandro Casona

A *veces tenemos un año de aquellos que nadie desea tener.*
Un año donde las cosas salen al revés y se presentan todo tipo de
dificultadas juntas. Durante mucho tiempo, en los días próximos a la
Navidad, siempre he puesto el arbolito y he adornado bien bonita la casa
para las celebraciones.

Unos pocos días antes de la fecha de celebración, mi hija vino a visitarme
y notó que yo no había puesto el arbolito ni decorado como de
costumbre. En realidad, yo no estaba animada para hacerlo y ella lo sabía.
Ese día mi esposo y yo salimos y regresamos después del mediodía.

Al llegar a la casa, tan pronto abrimos la puerta, vimos frente a nosotros
un hermoso arbolito en la sala, decorado con sus luces y demás adornos
propios de la fecha. De inmediato nos dimos cuenta que no había sido
un milagro, sino nuestra hija que nos quería dar una grata sorpresa.

Siempre agradezco ese gesto tan bonito y muchos momentos en los
cuales ella nos ha alegrado la vida. Dios la cuide y reciba todo el amor
que nos ha dado. A veces pensamos que nuestro año no va bien, y con
tan sólo un gesto de alegría, una sonrisa, o una nueva manera de ver las
cosas todo se arregla para ayudarte a encontrar esos momentos felices
que la vida te da.

Desde entonces nunca olvido ese día, y me prometí seguir poniendo mi
arbolito, siempre que pueda, sin importar los inconvenientes.
Pensándolo realísticamente, mejor no me prometo nada, porque el

futuro es impredecible y es más conveniente vivir el presente. Del momento actual es de lo que siempre estamos seguros.

Capítulo 20

DISFRUTEMOS EL PRESENTE...

"Cada momento es de oro
para el que tiene la visión de reconocerlo como tal",
Henry Miller

Cómo mejorar el futuro para el próximo año está en la mente de todos. Las personas muchas veces piensan en mejorar sus vidas en el año que se avecina y he notado que más bien lo hacen por embullo. Sin embargo, noto que no siempre llegan a cumplir las metas que se fijan. Yo, nunca me he preocupado por escribir los propósitos para el año nuevo. Simplemente, durante el año voy realizando proyectos y siempre lo he hecho con el mejor propósito y buena voluntad.

Hay veces que me siento mal conmigo misma, porque no he podido realizar un proyecto a la perfección. Sí, soy algo meticulosa, pero como nada en la vida es perfecto, creo que me disculpo. Siempre he dicho que las cosas se hacen bien o no se hacen, pero no a medias.

En las fiestas, debemos disfrutar con aquellos que están con nosotros. No pensemos en lo que ha pasado. Existe mucha nostalgia cuando el año termina, porque muchas veces hay invitados que van a las fiestas y, en vez de disfrutar, llevan la tristeza con ellos. Tal vez estén solas, piensan en la ausencia de alguien muy querido, o en algún problema que tienen; pero estar en una fiesta pensando en cosas no gratas no resuelve la tristeza.

Hay que hacer un esfuerzo y tratar de olvidar lo que nos afecta, para así poder disfrutar del presente. Sólo nosotros somos responsables de nuestros pensamientos y de nuestra actitud hacia los inconvenientes que se nos presentan. La vida cambia y no todo resulta siempre igual. Yo sé que no es fácil, pero lo podemos lograr si nos lo proponemos.

Acumulemos memorias gratas sembrando en nuestras vidas momentos compartidos con familiares y buenos amigos. Así, aprovechamos el tiempo al máximo ya que este no vuelve, sólo quedan los recuerdos.

Capítulo 21

REALIDAD Y FANTASIA...

"No aprendemos de la experiencia.
Aprendemos de la reflexión sobre la experiencia",
John Dewey

A **los niños les gustan los cuentos.** Yo he escrito algunos que, aunque estén llenos de fantasía, al final ofrecen una gran enseñanza. Los cuentos infantiles los educan para desarrollar la buena conducta y mantener un buen sentido común. Al final, todos sabemos que es simplemente un cuento, pero que siempre nos deja un aprendizaje.

Lo menos que nos imaginamos es lo que a veces se hace realidad, cosas absurdas, sin valores y carentes de sentido común. He visto un anuncio, publicado en los medios sociales, en el cual ofrecen entrenamientos a personas que desean actuar igual que los animales. ¡Increíble! Aún, me cuesta trabajo creerlo.

Esto sería como una fantasía que quieren convertir en realidad aquellos que gustan de excentricidades. A mi juicio, esto es de personas con trastornos de personalidad. Lamentablemente, siempre habrá quien se aproveche de ellos para iniciar un negocio y sacar ventaja de la situación.

El mundo está cambiando en todos los aspectos de la vida y esto hace que también la conducta humana este cambiando progresivamente. Se que todavía, a pesar de los años, me quedan muchas cosas más increíbles por ver y que siempre me sorprenderán. Hasta dónde puede llegar la imaginación y las preguntas aberrantes en determinadas personas.

Pienso que quizás son personas con la autoestima baja y tratan de ocultar su verdadera personalidad y, a la vez, llamar la atención de los demás. Es una lástima, que haya individuos que se dediquen a entrenar para ser animales y no se capaciten para enseñar a las personas, a ser personas.

Deben ayudar a todos los humanos con conductas fuera de lo normal, que muestren más respeto hacia si mismos para así poder elevar su propia autoestima.

Capítulo 22

TENGO QUE SALIR DE AQUÍ...

*"No elegimos donde nacer,
nuestra madre tampoco nos elige;
pero, sea como sea, que venimos al mundo
para ellas somos lo más sagrado,
lo más sublime y lo más hermoso",*
Sonia Isasi

Me siento apretado, incómodo. No tengo suficiente espacio para estirarme. Lo más que puedo hacer es moverme. Estoy flotando en una pequeña nube de agua. ¡Tengo que salir de aquí!

Hace muchas semanas que estoy encerrado. Si no fuera por el poco espacio, tal vez estaría feliz. En este lugar se está tranquilo. Duermo bien. A cualquier hora. Me siento alimentado. La temperatura calentica y lo mejor es que se respira paz y siento amor.

Hoy, algo me preocupa. Estoy oyendo muchas voces, pero no veo a nadie a mi alrededor. ¿Sera que hay demasiado oscuridad? Creo que mejor me voy a dormir…

¿Qué pasa? Me han despertado. ¿Por qué tanto alboroto? ¡Ay! Mi nube de agua se está deshaciendo, estoy tropezando con muchos obstáculos. Creo que voy a tomar una decisión. ¡Tengo que salir de aquí!

Sigo oyendo voces. Cada vez las oigo más cerca. Allá, a lo lejos puedo ver mucha claridad. Ahí debe de estar la salida. Trato de correr, pero no puedo, aunque estoy avanzando lentamente. Me siento muy agotado y me voy a recostar en este rinconcito de la derecha dormiré un poco. Más tarde seguiré tratando. Ya yo sé dónde está la salida.

No me dejan dormir. Esas voces están muy altas y hay más claridad. ¿Y ahora qué está sucediendo?

¡Auxilio!!!!

Alguien me tiene que ayudar, me he trabado en el rinconcito.

¡Ayúdenme a salir!...

¡Ah, que alivio! Ya vienen a mi rescate.

Cuidado me están apretando.

¿Que son esas tenazas? Me lastiman.

No puedo respirar.

¡Ay, ay!!!! ¡Gua!!! ¡Gua!!!!

¡Al fin salí!

¿Por qué me están dando?

Escuché que eran las 12:35 de la tarde, un 24 de julio de 1975. ¡Felicidades mamá! ¡Es varón!

¿Cómo se llamará?, preguntaron…

Capítulo 23

MI FE...

"La fe no hace que las cosas sean fáciles,
hace que sean posibles",
Lucas 1:37

No soy una persona muy religiosa. Tengo algunas opiniones contrarias a las reglas establecidas por las distintas creencias; pero no puedo dejar pasar hoy. Tengo que agradecerle a San Lázaro hoy en su día.

Esta fe era hereditaria, mi suegra creía mucho en este santo y decía que era muy milagroso. Nosotros pasamos muchos años tratando de salir de Cuba, mientras mis suegros esperaban nuestra llegada a Nueva York. Durante ese largo tiempo, mi suegra me enviaba estampitas de San Lázaro que yo guardaba. Leía la oración cuando se presentaba una nueva dificultad, pero sentía al leerla que me faltaba algo. Me faltaba creer.

Después de muchos años, al fin, nos llamaron para presentar nuestros papeles legales en inmigración. Mi esposo fue solo y yo me quedé en la casa con los niños. Aprobaron la salida para mis hijos y para mí, pero para el no. Cuando me lo dijo, se desplomó en la cama y se durmió, algo raro en él pues no acostumbraba a dormir de día. Yo estaba desesperada, busqué la estampita de San Lázaro y le leí la oración. En ese momento, sentí algo diferente que me salía del pecho. Comprendí que eso se le llamaba FE.

Salí con los niños a casa de mi mamá. Cuando estábamos esperando el ómnibus, se me acercó una señora toda vestida de blanco. Nunca la había antes. Ella tenía unos bellos aretes largos que me llamaron la atención y se los celebré. Entonces me dijo:

- No te preocupes, aquí cada cual se irá con su pareja.

Yo me quedé sorprendida, sólo le sonreí y me aparté de ella.

Una semana después, salimos del país por España, para residir en Nueva York finalmente. Creo que leer la oración con esa fe nos ayudó. A los pocos días de llegar, decidimos ir a visitar a mi cuñada. Ella vivía en un residencial donde todas las calles estaban muy limpias. Al caminar, tropecé con algo que estaba tirado en el pavimento y mi esposo lo recogió para ver qué era y, al voltearlo, ¡qué gran sorpresa! Era una imagen de la virgen de Santa Clara. No sé si fue un milagro o fue casualidad que encontrara esta santa imagen en mi camino. Me quedé con ella hasta el día de hoy.

Recordé que había visto esa misma imagen muchos años atrás. Fue cuando nos íbamos a casar que yo visité a Lola, mi vecina, con el propósito de informarle que el 12 de agosto seria nuestra boda. No sabía que era el día de Santa Clara en esa fecha, pero ella me lo dijo. Entonces, me enseñó una imagen de la virgen y me dijo que tendríamos muy buen matrimonio, ya que ella iluminaría nuestra vida juntos.

Por esos hechos ocurridos, tanto a San Lázaro como a Santa Clara, los mantengo cerca y siempre les compro flores en sus celebraciones de las fechas. A veces pienso que ambos son como un amuleto que me protege.

Siempre he pensado que en los momentos difíciles es cuando nos llega más la fe. Yo la he podido mantener por muchos años. Hay que creer en algo, para tener fortaleza y poder afrontar los inconvenientes y las pruebas que nos trae la vida.

Todos los 17 de diciembre, le hago un pequeño homenaje a San Lazarito, (como siempre le digo). Le pongo unas hermosas flores y le prendo una velita. Este era también el ritual de mi querida suegra. Por supuesto que hago igual con Santa Clara el día 12 de agosto. Es un día especial, pues a la vez celebro nuestro aniversario de boda.

Esta es mi manera de mantener mi fe. Con estos detalles muestro mi agradecimiento por toda la ayuda y lo bueno que he tenido en la vida.

Capítulo 24

REACCIONES...

"Ni optimismo ciego, ni pesimismo crónico:
Realismo inteligente.
Ver las cosas como son con su belleza y su crudeza,
más descarnadas",
Walter Riso

Hay que buscar la parte menos triste de la historia. Siempre se encuentra que con fe y esperanza todo mejorará con el pasar de los días. Sin embargo, es curioso ver como las personas reaccionan de un modo diferente ante un mismo evento.

He notado que cuando yo converso, principalmente al contar alguna anécdota, las personas se ríen e, inclusive, llega el momento que a mí también me resulta cómico lo que he dicho. Parece que es la forma en que yo presento el cuento o el carácter de la persona que escucho y cómo lo interpreta ésta.

Recientemente, recibí llamadas telefónicas de mis dos hermanas quienes siempre están pendientes de mí; son las mayores y me llevan a mí más de diez años. Aunque entre ellas, sólo se llevan un año, son completamente diferentes. Cada una tiene su estilo y forma de pensar, pero no muchas cosas en común. A las dos les hice el cuento de la misma manera, pero definitivamente el enfoque fue distinto.

Una de mis hermanas, la más saludable, siempre está preocupada cuando se habla de algún padecimiento. Hablar de enfermedades la ponen muy nerviosa, ya que piensa que puede sucederle a ella también. Esto la lleva a preocuparse más de lo debido, dándole muchas vueltas al asunto innecesariamente.

En estos días, he estado un poco enferma y ellas querían saber cómo me sentía y qué era lo que me pasaba. Primero hablé por teléfono con la mayor y, mientras conversábamos, ella mostraba mucha preocupación. Sentí que se iba angustiando con cada una de mis palabras, al contarle. Me di cuenta que ya era hora de cambiarle el tema, hablándole de cosas más agradables.

Al otro día, me llamó mi otra hermana para ver como seguía; pero, al conversar conmigo, a ella le daba risa como yo le hacía el cuento. No es que se alegrara de mi malestar, sino más bien se reía de la forma que yo le explicaba. Esta ha tenido muchos inconvenientes con su salud. Sin embargo, ella lleva sus problemas como van llegando ya que les da importancia en el momento requerido. Después, los deja fluir. Su carácter es muy optimista, lo cual le ayuda a recuperarse cuanto antes. Ella siempre encuentra la parte jocosa de la situación.

Me gusta que la gente se ría, que mire con optimismo la vida y las complicaciones que trae consigo. Cuando tenemos un inconveniente, una enfermedad o un gran problema, no solucionamos nada con darle rienda suelta a lo que nos está sucediendo. Hay que tratar de buscar la solución y, si no la encontramos, simplemente darle tiempo al tiempo.

Capítulo 25

ALLA EN EL CIELO...

"La muerte no existe.
La gente sólo muere cuando la olvidan.
Si puedes recordarme, siempre estaré contigo",
Isabel Allende

Sé que este mensaje va a llegar hasta el cielo. Allí se encuentran tres seres maravillosos, mis padres y mi suegra.

Aunque hace años que están muy lejos, no los puedo olvidar. Todos ellos sembraron en mi corazón bondad, generosidad, respeto y amor. Estoy segura que ellos deben de estar disfrutando de la tranquilidad del cielo y que siempre los angelitos los estarán cuidando. Me gustaría que nos volviéramos a encontrar para llenarlos de besos, abrazos y agradecerles siempre lo que aprendí de ellos.

Mami es mi primer ejemplo a seguir. Ella era muy fuerte ante los inconvenientes que se presentaban en la vida. Siempre seguía adelante con la esperanza y la fe de que todo tomaría su curso con el tiempo. Mami se compadecía de todos, inclusive de gente que no se lo merecía. No era fácil que se dejara caer, salía a flote con el mismo carácter de siempre. Con Mami aprendí el verdadero significado de la bondad, la entereza y el respeto al prójimo.

Nunca se estancaba pensando en lo que pasó. A veces se sentía cansada o indispuesta y se recostaba un ratico en el sofá. Cuando yo le preguntaba qué le pasaba me decía simplemente que tenía el cuerpo cortado. Yo no entendía mucho pero hoy en día yo, a cada rato, también tengo el "cuerpo cortado". Creo que además de parecerme a ella físicamente, también he heredado parte de su carácter, por lo cual yo doy gracias.

Acerca de mi papá, puedo decir que emigró de España desde muy joven. El era un hombre muy fuerte que desempeñó diferentes trabajos desde que llegó a La Habana. Poco a poco, fue abriéndose camino para salir adelante, sobreponiéndose a las dificultades que enfrentó como inmigrante español. Siempre estaba dispuesto a trabajar duro y nunca se quejó de las horas que empleaba ni del trabajo que realizaba, esto era parte de su rutina para triunfar. Papá peleaba cuando no se hacían las cosas bien hechas, era algo perfeccionista, pero esto es bueno para triunfar en los negocios. El decía, "Las cosas se hacen bien o no se hacen", era un lema que yo me aprendí de él.

Papi era de muy buen corazón, ayudaba mucho a los empleados y a la familia cuando tenían problemas, personales o económicos. Siempre tuvimos de todo, materialmente y hasta su confianza pues la honestidad era parte de lo que nos enseñó. Me encantaba que nos hiciera los cuentos de cuando llegó de España. La mejor parte del cuento era cuando cambiaba el tono de la voz, según lo que contaba. A veces me sentaba en el portal y él empezaba a hacer los mismos cuentos; no porque estuviera mal de la cabeza, sino porque aún llevaba ese recuerdo muy arraigado en su mente.

Recordando los cuentos que hacía, me doy cuenta del rechazo que sufrió por ser extranjero. A pesar de lo que pasaron él y mi mamá para abrirse camino, en el vocabulario de mi casa, no aprendimos la palabra "discriminación". La idea era salir adelante, sin rencores ni prejuicios. Yo no viví los tiempos difíciles, porque cuando yo era una niña, ya la familia estaba en una situación económica favorable. Gracias papi, por dejar de herencia, a tus cuatro hijas, buenas enseñanzas y valores humanos.

De mi suegra aprendí la paciencia y el cariño que siempre les ofrecía a todos. Ella era muy cariñosa y a cada rato abrazaba a mi esposo y le daba besos, cosa que yo admiraba. Me daba muchos consejos, a los cuales yo le prestaba atención, pues en ese momento me estaba hablando la voz de la experiencia.

Ella era risueña y alegre, características que siempre he admirado en las personas. Le gustaba conversar lo mismo con la familia como con cualquiera que se encontrara en la calle. Vivió en New York desde que salió de Cuba, pero no le gustaba el clima y siempre añoró vivir en Florida, pero nunca pudo cumplir sus sueños. Se le acabó el tiempo...

Mis seres queridos hace años que están muy lejos y aunque sea así nunca los podré olvidar. Todos ellos sembraron enseñanzas dentro de mí que me han ayudado durante el transcurso de la vida.

¡GRACIAS!

Capítulo 26

LOS ZAPATOS PERDIDOS...

*"Detrás de cada par de zapatos viejos,
hay miles de aventuras y cosas
que vale la pena contar",
Anónimo*

Desde pequeña he sentido atracción por los zapatos. En aquel entonces, cuando me estrenaba un par, no quería que se me ensuciara ni la suela. Sí, no estoy exagerando. Después de usarlos, les pasaba un trapito con agua y trataba de limpiarlas.

Con el pasar de los años, según iba creciendo, tenía que ir cambiando el número a una talla mayor. Llegué a un punto que ya no me preocupé por el tamaño ni por limpiarles tanto las suelas. Sólo me interesaba que fueran cómodos, de una piel suave y bien bonitos.

Tenía unos favoritos los cuales usaba para estar en la casa, ir a la escuela o salir a pasear. Con el tiempo ya no estaban tan relucientes, cómodos y bonitos, pero aún eran útiles. Me protegían los pies del frío, del agua, de las piedras del camino y de la basura que me rodeaba. No los podía echar a un lado, porque también me servían para caminar al lado de alguien que necesitara mi apoyo.

Llego el día en que ya no podían más aguantar el peso de mis propios pies. Los tomé en mis manos, los miré con cariño agradecida por estar conmigo tanto tiempo. Entonces, les limpié las suelas y los guardé... en algún lugar... dándole el último adiós a mis zapatos perdidos por el tiempo.

Actualmente, cuando salgo de compras, siempre trato de ir a ver el departamento de calzado. Si algo siempre lamento, es que ya no puedo seguir usando esos zapatos de mi juventud, con un tacón bien fino y alto (estiletes). En esa época, no me molestaban. Desde por la mañana podía salir con ellos y caminar muchas horas. No sé si era que estaba acostumbrada o que la calidad del calzado era superior a la de hoy en día.

Los zapatos son tan importantes que van a todos los lugares con sus dueños, lo cual hace que sepan todos tus secretos. Tal vez por eso hay que estar en los zapatos de otros para saber qué es lo que están viviendo.

Capítulo 27

MERECEMOS MAS ...

"Los animales tienen alma.
Sólo basta con mirarlos a los ojos
y sentirlos con el corazón para comprobarlo",
Erika Apellaniz

Querida Trixie:

Te he extrañado mucho.

Hoy, me levanté pensando en ti. Me he imaginado el día espléndido que hace, lleno de luz y alegría. Aunque no veo, tengo los oídos bien sensibles y he podido escuchar el viento, olfatear las flores y oír desde muy lejos una música celestial que viene del lugar donde tú te encuentras. Allá arriba, está nuestra prima Zoe, dándote la bienvenida.

Tú mereces el mayor reconocimiento por haber sido mi fiel amiga, siempre dándoles cariño a todos; aunque en realidad tú eras la que más lo necesitaba, porque ya estabas muy enfermita. Vivimos unos cuantos meses juntos y ambos nos acompañamos. Durante estas últimas semanas, compartíamos el agua, la soledad y las penas. A veces sufríamos porque no nos podían entender. Diera yo cualquier cosa porque esto hubiera sido posible.

Recuerdo cuando te vi por vez primera. Estabas acabada de bañar y tenías un olor delicioso. Tu pelo brillaba como el azabache y tus ojitos pequeños estaban llenos de dulzura. Te veías elegante con ese pañuelo de color amarillo y te parecías a una dama de la alta sociedad.

Yo era mucho más pequeño de edad y de tamaño, casualmente mi pelo de color negro, era similar al tuyo, pero un poco rizado. Mis ojos eran grandes y siempre me decías que tenían mucha expresión, que parecían muy amorosos. Tan pronto llegué a casa de tus padres, tú te me acercaste

111

haciéndome sentir importante; me sentí bienvenido. Me llevaste hasta el patio de la casa y nos divertimos mucho, corriendo y jugando, hasta que nos rendimos del cansancio. Cada vez que iba a visitarte, me emocionaba tanto que casi me era imposible estarme tranquilo. El viaje me resultaba tan largo que no podía controlar la emoción de poder disfrutar de tu compañía nuevamente.

Pasamos muchos años de aventuras juntos. Con el tiempo, fuimos cumpliendo años y la vida se nos complicó. Un día me sentí muy mal y resultó ser que yo tenía diabetes; todos se extrañaron y no podían creerlo, pues yo me veía muy bien. A pesar de mi enfermedad siempre estaba feliz, haciendo honor a mi nombre, Happy. A partir de entonces tenía que comer comida especial e inyectarme dos veces al día. Mis ojos cada día veían menos y esto fue lo que más me disgustó. Ya cuando te visitaba apenas podía verte, pero aún me quedaba el bello recuerdo de tu imagen la primera vez que te vi. Después te enfermaste tú y esto fue muy triste para mí. Ya eras mayor y no podíamos salir al patio a jugar, a penas te podías levantar. Entonces, lo único que podía hacer era mantenerme lo más cerca de ti para cuidarte.

Las cosas a veces pasan por algo. Casualmente, tuvimos la suerte de pasar juntos los últimos días de tu vida y pudimos consolarnos mutuamente. Siempre te recordaré con tu gran elegancia y lealtad. Yo no me he estado sintiendo bien, pues perdí la vista por completo y creo que pronto estaré allá, lejos, junto contigo y con la perrita Zoe.

Tal vez algún día nos conviertan en humanos y dejemos de ser perritos. Entonces bajaremos a la tierra para esparcir todo el amor, la lealtad y la bondad que siempre nos ha caracterizado a los tres.

Tu primo, *Happy*.

Capítulo 28

SABER OTRO IDIOMA...

"La dificultad de un idioma
es universalmente proporcional
a la fuerza de la motivación para aprenderlo",
Reg Hindley

Saber otro idioma puede ser beneficioso para el futuro de niños. A pesar del torbellino en que se vive, no hay justificación para que los padres no les enseñen a los hijos el idioma nativo. Si los ellos hablan otro idioma, deben de seguir la tradición practicándolo en la casa continuamente. No todos los niños tienen la ventaja de tener padres que hablen otra lengua. Aprovechemos en enseñársela y no le robemos la oportunidad de ser bilingües.

Aquí en Estados Unidos, a la vez que ellos van a la escuela, ya empiezan con la negación de mantener el idioma de la familia inmigrante, prefiriendo comunicarse en inglés (o en el idioma del país donde se encuentren). Hay que tener mucha paciencia y firmeza para que aprendan sin que se sientan regañados y hacer de esto una prioridad. Se pueden conseguir una gran variedad de herramientas como juegos didácticos, música y películas traducidas que pueden ayudar con la enseñanza como parte de una rutina diaria.

De mi hija tengo dos nietas, una bilingüe y la otra trilingüe y su papa siempre les hablaba en español. Luego, al nacer mi nieta por parte de mi hijo, mi yerno también se comunicaba con ella en nuestro idioma natal para que aprendiera el español. Tengo que aplaudirlo, pues tiene un sistema muy bueno de enseñanza. Lo hacía de una forma tan jocosa que mi nietecita se divertía mientras aprendía, ya que lo veía como un juego.

Mi hijo empezó a hablar a una muy temprana edad y desde muy pequeño fue un gran conversador. A los dos años tenía un vocabulario bien extenso y a la edad de cuatro años, mi hija lo enseñó a leer en español. De ella, ni se diga, tiene un español y una gramática buenísima.

Al llegar a Nueva York hablando sólo español, los matriculamos en cursos regulares en la escuela en vez de en el programa bilingüe. Al principio pasaron trabajo porque no entendían, pero la vida es un reto y así lo iban a aprender más rápido.

Ellos asimilaron rápidamente el nuevo idioma y empezaron a hablarlo, incluso en la casa. Entonces…comenzaron los problemas. Los dos hablaban solamente el inglés mientras yo trataba de que no perdieran su español, diciéndoles:

-   ¡Hablen español! ¡Hablen en español!

Esta anécdota jamás se me olvidará. Recuerdo que un día nos encontrábamos en la casa y yo, que estaba cocinando, oía que los niños estaban hablando inglés. Ese día estaba tan cansada que no tenía deseos de hablar en ningún idioma; pero, para mí, la prioridad era ellos y ese era mi reto. Entonces, les dije:

-   ¡¡¡¡ESPAÑOL ... POR FAVOR!!!!

Esto ocurría todos los días y ya yo me estaba cansando. Respiraba y seguía insistiendo, hasta que un día el varón de seis años me dijo firmemente:

-   *I'M IN THE UNITED STATES OF AMERICA, Y SE HABLA EN INGLÉS…*

De momento me sorprendí, porque era un niño muy bueno y respetuoso, pero al verlo tan dispuesto me hice la brava y, aunque casi me moría de la risa, le pude decir:

-   *Sí, pero eso es de la puerta para afuera. ¡Adentro, ESPAÑOL!!!*

Al cabo de los años, cuando mi hijo fue a buscar trabajo, uno de los requisitos principales que le exigían era ser bilingüe. Entonces, se acordó de aquellos tiempos en que yo lo hacía hablar español en la casa. Cuando obtuvo el empleo, me agradeció por la insistencia que siempre tuve de que no perdiera su idioma natal.

Sentí una gran satisfacción por su logro, que fue el mío también. Creo que si no hubiera insistido tanto, hoy en día él no sería bilingüe.

Capítulo 29

EL SEÑOR DE LOS PAPELITOS...

"La memoria es un trozo infinito,
a veces se hace visible y grita,
pero a veces se encierra en su silencio",
Alzheimer's Universal

Las enfermedades llegan a cualquier edad. El Alzheimer principalmente ataca a las personas mayores. Afecta la memoria y las funciones mentales. Las células cerebrales mueren y llega a incapacitar a las personas hasta para realizar acciones muy sencillas. Es una enfermedad que no tiene cura y puede durar años. Algunos medicamentos pueden mejorar un poco, temporalmente.

Hace algunos años íbamos a un centro de actividades y recreación para las personas mayores. Allí conversábamos, oíamos música y bailábamos entre otras actividades. Las personas más activas hacían ejercicios. Otras, preferían los juegos de mesa, especialmente el dominó y el bingo. Todo dependía del gusto y la capacidad de cada uno.

Muchas veces nos sentábamos cerca de un señor de edad avanzada que apenas hablaba. El era alto, delgado y de buena presencia. A pesar que sólo saludaba se notaba que era un hombre educado y que en su juventud debió ser buen mozo. Como nunca llegamos a saber su nombre, mi esposo y yo lo identificábamos por El Señor de los Papelitos.

Al principio no le presté mucha atención, pero después me fijé más en él. Noté algo extraño en su comportamiento, pues cada vez que iba a realizar una actividad, por simple que fuera, empezaba a buscar algo en los bolsillos. Cuando lo encontraba, sacaba un pequeño papelito y lo leía. Después lo colocaba sobre la mesa. Esto era repetitivo, como si necesitara leer una nota para que le recordara lo que tenía que hacer después.

Cuando se iba, recogía todas las noticas, las guardaba en los bolsillos y se despedía. Fue algo muy curioso y a la vez me entristecía, pues ese señor, qué tal vez en su juventud fue alguien educado, buen mozo y agradable, sólo le quedaba leer los papelitos para seguir adelante con su rutina diaria.

Pasaron los días y no lo volvimos a ver. Ya el Alzheimer le había avanzado demasiado. Hay que llenarse de paciencia y compasión para tratar a aquellos que padecen de esta cruel enfermedad. Ojalá algún día se logre descubrir la cura de este mal.

Capítulo 30

AMAR
A NUESTROS SEMEJANTES

"Buscando el bien de nuestros semejantes
encontramos el nuestro",
Platón

¡Qué horror! Acabo de ver un juego de video donde una mujer derriba a los hombres a puro golpes. ¿Por qué? ¿Sólo golpea para divertirse? Esta práctica violenta ya se está viendo en la realidad, y creo que esto no debe ser enseñanza para ninguna persona, diría que es abuso y agresividad.

Estamos viviendo una época donde para sobresalir unos tienen que opacar y humillar a otros. A mi criterio muy personal, creo que deberían de ser prohibidos esos juegos que promueven el abuso y la violencia, por el bienestar de todos.

Me gusta defender a todos los seres humanos siempre y cuando actúen con buenas intenciones, sin importar que sean hombres o mujeres. Sé que durante años los hombres han cometido muchos maltratos con las mujeres, pero no todos los hombres son iguales y no deben de pagar justos por pecadores.

Hay mujeres que han pasado una vida llena de problemas, pero los hombres también; hay mujeres que han luchado por su familia, pero los hombres también; hay mujeres abusadas, pero los hombres también. El tiempo ha cambiado y debemos de evolucionar, no mantenernos en la época de las cavernas y actuar violentamente.

Tanto las mujeres, como los hombres, deben mantener una actitud pacífica, ya que la violencia no conduce a nada bueno. Los adultos deben darles buenos ejemplos a los niños. No sólo es el maltrato físico el que afecta. También, hablarles a gritos y con mala actitud, puede dañarlos durante su crecimiento.

Sea buena o no la educación que se haya recibido durante la niñez, ya al ser adultos, se debe asumir una actitud positiva ante la sociedad. Esa es una responsabilidad clave para el buen desarrollo. Si no pueden superar los traumas ocasionados, se debe acudir a un profesional para recibir tratamiento.

Hay que entender que, no por lo que haya sucedido hace años, se va a vivir culpando a los demás de sus problemas. El respeto al prójimo es esencial para llevarse bien con sus semejantes. Practiquemos la bondad, la empatía y el amor. Así todo será diferente.

Capítulo 31

DESARROLLA LA IMAGINACION

"Siempre he considerado el aprendizaje como un hobby y he desarrollado muchas percepciones de su naturaleza, cultivando la sensibilidad hacia la manera en que lo realizo",
Saymor Papart

En mi caso, yo disfruto con mis hobbies. Muchos juzgan la vida por los pasatiempos que encuentran al transcurso de sus días. A mí me gusta cambiarlos cada cierto tiempo, ya que me resulta aburrido estar año tras año envuelta en el mismo proyecto. Eso sí, no emprendo uno antes de concluir otro. Según me vienen las ideas, los voy desarrollando con el propósito de que sean productivos.

No sé exactamente cuándo empecé con mi primer *hobby*, pero sé que comencé a entretenerme con una libreta y un lápiz cuando aún no iba a la escuela. Tengo un recuerdo de estar sentada en el portal de mi casa con un lápiz y un papel, dibujando. Había una vidriera donde todas las semanas ponían en exhibición vestidos muy elegantes, de fiestas y también trajes de novias. Yo disfrutaba tanto con verlos que me ponía a copiarlos y, a mi manera, hasta les hacía alguna transformación.

Así, transcurrió el tiempo y comencé a patinar, cantar, bailar y también jugaba a dar mis propios "conciertos" en la tintorería que tenían mis padres, para entretener a los empleados. Cuando comencé en la escuela recitaba, pero siempre trataba de que sólo escucharan mi voz por el micrófono de la dirección. Era muy tímida y me daba vergüenza que me vieran.

Casi siempre jugaba sola, ya que mis hermanas mayores estaban casadas y, la que me lleva dos años, tenía gustos y actividades diferentes. Por suerte, se mudó para al lado de mi casa una niña de mi edad con sus hermanitos. ¡Yo ya a tenía con quien jugar! En mi casa había un portal muy grande y ahí saltábamos la cuerda, jugábamos al teatro, los yaquis, los escondidos y juegos de mesa. Cuando nos cansábamos oíamos música, leíamos o simplemente conversábamos, hasta la hora de ir a dormir.

A medida que vamos creciendo, la mente se va desarrollando. Somos más responsables y conocemos nuevas amistades. El entorno cambia y nos damos cuenta que ya no somos niños para seguir jugando y los *hobbies* también cambian.

En esa época estaba de moda los peinados altos (moños) con bucles, los cuales le llamaban María Caracoles debido a una canción que estaba de moda. También consideraba esto como un entretenimiento productivo, porque dejé de ir a la peluquería y yo misma me peinaba. Además, le arreglaba el pelo a mi mamá, a mi hermana y a una amiga.

En aquel entonces, teníamos una modista que daba clases de costura y ella me enseñó a coser. Con ella aprendí a hacer los moldes y confeccionarme mi ropa, la de mi mamá y la de mi hermana… Coser se convirtió para mí en un provechoso *hobby*. Ya para aquella época la situación se estaba poniendo difícil en el país, costaba trabajo conseguir hilos y telas para hacer ropa. Es increíble, pero hubo un tiempo que no le conseguía *panties* a mi hija. Tomé un pedazo de tela del borde de una sábana de algodón y yo misma se los hice. Por suerte yo había aprendido a coser.

En otra ocasión, en mi trabajo me enseñaron a tejer con una sola aguja, medias para mi hija. Una señora me daba los hilos de coser a cambio de los cigarros que nos pertenecían por la libreta. Desde entonces comencé a tejerle medias a mi niña, las cuales quedaban preciosas con ese hilo tan fino. Para que no se le bajaran, le ponía una liguita entretejida con el hilo en la parte de arriba.

Ya cuando mi hija creció, y estábamos en los Estados Unidos, se iba a casar y me pidió que le hiciera el traje de novia. Gracias a lo que había aprendido le diseñé uno el cual a ella le fascinó. Para mí, el aprender a coser comenzó como un entretenimiento que sin darme cuenta me resulto muy beneficioso durante mi vida.

Ya viviendo en Miami, Florida, mis entretenimientos cambiaron, principalmente después de retirarme. Revivió en mí el amor por el canto y aún mejor cuando descubrí que podía hacerlo a través de YouTube donde encontraba las letras de mis canciones favoritas, las cuales las entonaba con el Karaoke. También, comencé a involucrarme con la pintura acrílica, lo mismo en lienzos que en piedras. Esto ha representado para mí una gran terapia emocional.

Escribir ha sido otro *hobby* importante para mí. Durante todos estos años, he acumulado diversos escritos, entre cuentos, novelas y otras narraciones. Hace un tiempo, mi hija me sugirió que recopilara todos los escritos y los publicara. Actualmente este es mi último *hobby*.

He pensado desde muy joven que debemos prepararnos para cuando seamos mayores y estemos ya retirados, así podemos mantenernos siempre activos.

Capítulo 32

UN MINUTO DE SILENCIO...

"El silencio tiene su lenguaje,
sabe hacerse entender",
Buda

Sería algo inesperado. Para ellos el tiempo no había transcurrido. Esperaban con gran inquietud la llegada del día señalado. Todo se había planeado minuciosamente.

Muy temprano en la mañana, del día 11 de septiembre del 2001, la ciudad se despertaba para recibir el nuevo día. Muchos transitaban por las calles, mientras otros estaban en sus puestos de trabajo.

- *Oh, My God!*

- ¡Dios mío!

- *What's happening?*

- ¿Qué sucede?

Estos gritos de confusión y desesperación apenas se podían oír, ya que eran opacados por el estruendoso ruido que se escuchaba desde el aire. Del cielo venía la muerte con alas de fuego, arrasando con todo lo que se le interponía en su camino. El terror se apoderó de todos. Aquellos que pudieron correr emprendieron una carrera maratónica, huyendo de una gigantesca mole de polvo que los perseguía.

Al fin, ya sin aliento, se detuvieron. Detrás había quedado una inmensa cantidad de escombros de los edificios destruidos, que fueron devorados por el fuego. En unos cuantos minutos todo se había perdido, dejando aquellos que pudieron huir como si fueran muertos volviendo de sus tumbas.

Las impresionantes TORRES GEMELAS desaparecieron, y no precisamente por las manos de un mago. Se convirtieron en un verdadero crematorio, llevando en sus entrañas las vidas y los sueños de muchos que las admiraban.

El día 11 de septiembre fue el día señalado. Aquel grupo de terroristas inhumanos, defensores del mal, lograron su cometido matando a hombres, mujeres y niños indefensos. Allá, en el otro lado ellos celebraban juntos con sus pequeños su gran victoria, mientras el mundo lloraba amargamente.

Se han perdido muchas vidas, miles de inocentes han muerto. Hoy, sus cenizas aún están unidas a nuestros corazones.......

UN MINUTO DE SILENCIO,

🙏 Por favor 🙏

Capítulo 33

EL ARTE ES MI TERAPIA

*"Cada bloque de piedra
tiene una estatua en su interior,
y es tarea del escultor descubrirlo",
Miguel Ángel*

Difí**cilmente se encuentra una igual a la otra**. Siempre me han gustado mucho las piedras por lo fuertes que son y la originalidad de sus formas.

Cuando pequeña, pasaba tiempo buscando en las nubes distintas figuras que al moverse se esfumaban en el azul cielo. Mi imaginación no se detenía porque volaba junto con ellas. Con las piedras me ha sucedido lo mismo, se me desarrolla el sentido de la creación. A diferencia de las nubes que se desvanecen, las piedras con sus formas, consistencia y grosor me dan la clave de lo que debo pintar y la fortaleza para seguir adelante.

Al retirarme, le dejé un obsequio muy especial a aquellas personas que me habían ayudado y que me brindaron una amistad sincera. Les hice unas piedras con pintura acrílica y diseños variados. Tenía muy en cuenta la personalidad y los gustos de cada cual.

Cuando mi nuera estaba a punto de tener la *baby*, ella sola empezó a prepararse su *baby shower*. Al decírmelo, se me ocurrió pintarle piedras pequeñas para que las repartiera entre los asistentes y les sirvieran de recuerdo. Yo diría que hice unos 30 recordatorios, aproximadamente. Me enfoqué en decorarlas con diferentes figuras todas propias a la celebración.

He seguido pintando piedras con el propósito de regalarlas de acuerdo a la situación, bien sea por cumpleaños, bodas, comuniones, aniversarios, bautizos y más. Siempre lo he hecho para agradecerle a alguna persona que lo merece o simplemente por satisfacción personal.

Mi arte varía según la inspiración que tenga. También he pintado muchos cuadros sobre lienzos, pero ya los últimos que realicé fueron abstractos. Pintar para mí es como una terapia de entretenimiento que hago mientras realizo cualquier proyecto que se me ocurra.

He estado pintando cuadros de arte figurativo por bastante tiempo, pero últimamente empecé a interesarme por el arte abstracto, ya sea a pincel o con pintura fluida. La mayor parte de las veces que pinto cuadros abstractos comienzo con una idea y los termino con otra. Este es el caso del cuadro que escogí para la carátula de mi libro. A medida que lo realizaba me iban fluyendo diferentes ideas, sin saber lo que estaba haciendo hasta que lo terminé. Después me preguntaba cuál era el significado de la pintura como para darle un título adecuado. De inmediato me vino a la mente, "CICLO DE VIDA" y me gustó.

Analizando un poquito la pintura, llagué a la conclusión que se trataba del inicio de una vida. El cuerpo reflejado en el cuadro, con sus ideas ya formadas, representa sus futuras etapas que comenzarán al salir de la burbuja que lo protege. Sus diferentes facetas durante su evolución dependerán de él, ya que será el dueño absoluto de sus decisiones sabias, proyectándolas hacia su evolución y obviando el entorno en que se desarrollará.

Capítulo 34

LA MUSICA QUE NOS UNE...

"La música expresa todo aquello
que no puede decirse con palabras
y no puede quedar en el silencio",
Víctor Hugo

Por si hay una pregunta en el aire,
por si hay alguna duda sobre mí
Hoy quiero confesarme,
hoy que me sobra tiempo...

Así empieza una hermosa canción titulada, *"Hoy quiero confesarme...",* compuesta por José Luis Perales en 1985, siendo incluida en un álbum de la cantante española Isabel Pantoja, de la cual ella ha hecho una magnífica interpretación.

Desde la primera vez que escuché este tema, no fue "amor a primera vista", si no "amor a primer oído" lo que sentí. Me identifiqué tanto con esta canción que la cantaba mucho mientras hacía mis tareas hogareñas o principalmente en la ducha. Encuentro que al cantar mientras me baño, tengo la libertad de practicar cualquier canción, ya que desde ahí apenas me pueden oír.

Siempre me ha gustado disfrutar de la música, aunque tengo mis preferencias las cuales varían dependiendo de la ocasión. Mayormente prefiero la música instrumental porque me ayuda a enfocarme mientras pinto o realizo otra labor que requiera concentración.

Sin embargo, para bailar me gusta la salsa romántica, el son, la cumbia y cualquier otro género con el cual pueda marcar el ritmo.

Esta atracción por la música comenzó desde muy niña cuando mis hermanas escuchaban los discos que teníamos en casa. Estos eran de música variada y me llamaba la atención cuando tocaban los Pasodobles y el Chachachá. Así fue como comencé a bailar y a cantar creyéndome una artista. A mi mamá también le encantaba cantar mientras trabajaba y, por eso, pienso que mi oído se iba afinando al escucharla.

Dicen que el amor entra por la cocina, pero creo que a mí me entró por el oído. Recuerdo cuando estaba en el último año del Bachillerato (*high school*) y nos daban un descanso entre clases donde nos reuníamos varias amigas y pasábamos el ratico cantando. En esa clase se encontraba el que hoy en día es mi esposo. El también era amante de la música y nos escuchaba sin decir nada, pero mentalmente estaba pensando cómo podía acercarse y unirse al grupo. Simplemente, se puso a cantar con nosotras y con el tiempo me di cuenta que la música me estaba acercando a él cada vez más.

Empezamos a comunicarnos más a menudo fuera del grupo y él comenzó a dedicarme canciones. Muchas de ellas me las cantaba en inglés … *A certain smile, a certain fase* … Esta era una de las que él aprendió escuchando al cantante Johnny Mathis que interpretaba esta canción, escrita por Sammy Fain (música) y Paul Francis Webster (letra).

Comenzamos a ir a la biblioteca. Allí había un salón con audífonos donde podíamos sentarnos a escuchar música instrumental, la cual era nuestra favorita. Un día, él puso su mano muy cerca de la mía, disimuladamente, quedando su dedo muy cerca del mío. Como no se decidía a hacer más nada, yo aproveché y le di un impulso poniendo mi dedo meñique sobre el suyo, también disimuladamente.

Salíamos tarde del instituto y siempre él me acompañaba en el ómnibus hasta que llegaba a mi parada y después seguía para su casa. Ya llegando a mi casa se me declaró. Yo me lo esperaba, pero esto no dejó de sorprenderme y me puse nerviosa, o tal vez demasiado contenta. Al bajarme sólo le dije: ¡Síii! Y el resto es historia… la música fue nuestra aliada para seguir con nuestro romance.

Con el transcurso del tiempo, ya en Estados Unidos, aunque estaba ocupada trabajando seguía escuchando música. Recuerdo que no me aprendía las canciones completas, pero mientras cantaba les iba inventando la letra que se me ocurría en el momento. A mí enseguida se me queda el tono de la melodía, pero no así la lírica.

Actualmente, ya con el KARAOKE de moda, me fue mucho más fácil ya que iba leyendo las letras de las canciones que me gustaban. Un día, mi hijo me regaló una bocina con micrófono y con la tableta empecé a practicar en la casa. A veces, me ponía a cantar junto con mi hija y nos divertíamos mucho con el equipo del karaoke.

Esto me sirvió para iniciarme con el coro de la clínica de León a la que pertenezco. Allí entretenemos en un gimnasio donde los miembros, además de hacer ejercicios, tienen otras actividades para distraerse. Entre ellas, tenemos el karaoke para disfrutar de la música y cantar. Escogemos nuestras canciones y las ensayamos para hacer la presentación de ellas durante los eventos que se realizan.

Estas fiestas se celebran con gran entusiasmo durante las fechas significativas. Los asistentes disfrutan con gran alegría de las diferentes presentaciones. Cuando éstas terminan, comienza la música para que ellos continúen bailando hasta el final del evento.

Ya no me sobra tiempo… así que termino poniendo un poco más de la letra de esta bella canción con la que comencé:

Si estoy alegre o triste, ¿quién lo sabe?
Si todo el mundo tiene la razón
Hoy quiero despojarme y desnudar el alma
Para que sepan todos, como soy.

Soy un poco de sal y un poquito de arena…

Capítulo 35

PEQUEÑOS DETALLES

"Los pequeños detalles
son los que alimentan el amor
y hacen que el éste perdure",
P. Ortiz

En los años que he vivido, he aprendido que el destino rige** **nuestras vidas**. A veces tomamos decisiones creyendo que son las correctas para alcanzar nuestra meta, sin darnos cuenta que el destino es el que determina. Tener paciencia y ser perseverantes es primordial. En muchas ocasiones he pensado que tal vez la suerte influya mucho. Hay quienes las cosas les cuestan demasiado trabajo, mientras que a otros les caen del cielo.

Después de muchos años de obstáculos y vicisitudes pudimos lograr la salida legalmente de nuestro país. En ese momento, pensé que nuestro futuro era incierto, pero que nuestro presente era la libertad. Teníamos dos niños y ellos merecían crecer libres y poder vivir una vida llena de metas y logros. Ese nuestro propósito para ellos.

¡Al fin, lo logramos! Estábamos aterrizando en el aeropuerto de Barajas, en Madrid. Era la primera vez que viajábamos, estábamos algo nerviosos y a la vez emocionados. Cuando el avión tocó tierra, mi pequeño de 4 años, devolvió todo lo que había desayunado y se embarró toda la chaqueta y la camisa. El pobrecito, estaba muy asustado por lo que le había pasado, pero por suerte en la bolsa yo tenía otra muda de ropa para cualquier emergencia y lo pude cambiar.

Al bajar del avión, todas las caras nos cambiaron, se había marchado la preocupación. Los niños estaban felices al ver tantas cosas que jamás habían tenido la oportunidad de conocer. Nuestra niña, ya de 12 años, se detuvo a ver una vidriera donde estaba en exhibición una muñeca con el nombre de Rosaura, la cual a mí también me llamó la atención. Ella tenía algo distinto a las muñequitas que mi hija había tenido, ya que caminaba, cataba y le crecía el pelo, lo cual era posible por un mecanismo interno que tenía. Estaba muy hermosa y era tan grande como una niña pequeña.

En Cuba, el gobierno suspendió las celebraciones de Navidad y las de los Reyes Magos porque eran cristianas. En su lugar, asignaron el Día de los Niños para el 26 de julio que en realidad era cuando se celebraba el inicio de la revolución con el ataque al Cuartel Moncada. Exhibían en la tienda los juguetes unos días antes para que los niños fueran mirando. Cuando llegaba ese día, se hacía la fila y daban tres juguetes al año, uno básico y dos adicionales. Esto era por la libreta de abastecimiento y dependía de lo que se alcanzaran, aunque no les gustara a los niños. Así fue como mis niños, se fueron acostumbrando a mirar y esperar.

Después que nos ubicamos en Alcalá de Henares, mi esposo se puso a vender diferentes artículos (bolígrafos, libretas, jugueticos, golosinas, cigarros, etc.) en la calle. Temprano en la mañana, él salía y se instalaba en cualquier acera, con la mercancía que le daban en un almacén para vender a consignación. Gracias a esto, nos ayudábamos con los gastos que teníamos y así, de esta manera, él pudo ir ahorrando. Un día, llegó a la casa con una gran sorpresa. Le traía a nuestra hija la muñeca Rosaura que había visto en el aeropuerto y que nunca pidió. Ya se pueden imaginar lo feliz que se sintió con su muñeca, a pesar de la edad que tenía. Así él le realizó su sueño, no sólo le regaló una muñeca, sino que le dio un regalo de amor y alegría.

Nuestro entretenimiento era salir con los niños a caminar. También, cuando visitábamos a los amigos, mi esposo se llevaba al niño a jugar pelota con ellos. A veces, tomábamos el tren y pasábamos por diferentes pueblos, antes de bajarnos en la ciudad de Madrid. Ahí era distinto, ya que veíamos las tiendas, y muchas cosas más.

En una ocasión fuimos al Corte Inglés, una tienda por departamentos muy bonita, que estaba muy concurrida. Al frente, en una plazoleta había personas pidiendo limosnas. Esto me impactó mucho porque por lo general se sentaban en el piso mujeres con niños que estaban enfermos o lisiados para que los que pasaban les dieran dinero. Parecían piezas de museo en exhibición.

Seguimos caminando y nos detuvimos a mirar algo cuando mi niño se sentó en el portal de una tienda. Creí que era para descansar, pero no. El se inclinó hacia el piso, extendió su mano y puso cara de lástima. Cuando lo vi, le llamé la atención y él me dijo:

-   Mami, es para que nos den dinerito.

Al parecer, a él también le había impactado la escena frente a la tienda, donde vio los niños pidiendo y los trató de imitar.

Siempre se le ocurrían preguntas y respuestas imprevistas que nos hacía reír. Recuerdo que también un día nos preguntó:

-   ¿Nosotros somos 'pogres'?

El como era muy chiquito no dijo la palabra bien dicha, pues quiso decir 'pobres', a lo que yo le respondí.

-   Ven mijo, escucha, no somos ricos, pero tampoco pobres porque tenemos la suerte de estar juntos, de querernos y de estar sanos para poder trabajar y así conseguir dinerito.

Y he ahí donde están las enseñanzas que se le dan a los niños. Estos son los pequeños detalles que nunca se deben de olvidar... los paseos con nuestros hijos, los actos de amor y bondad y el cuidado que les damos.

Capítulo 36

AMAR ...
NO ES CAMBIAR

"Si miramos la razón de nuestro apego
con una simplicidad nueva,
comprenderemos que no es esa razón
lo que nos hace sufrir,
sino el modo en que nos aferramos a ella",
Matthieu Ricard

El noviazgo es para valorar las virtudes de la pareja. Es para concluir si puede llegar a ser nuestra media naranja. A veces, tenemos relaciones donde pasamos muchos años en esta etapa y, al cabo del tiempo, nos vamos dando cuenta que no es el complemento que pensábamos. Por no quedarse solo uno, no se toman decisiones. También por no tener el valor de comunicarse claramente con la otra persona, o porque simplemente le tiene lastima pensando que se sentirá herida.

Es bien importante el bienestar emocional de uno para una futura felicidad. Hay que estar muy segura de la persona que se escoge. Cuando llegues al compromiso matrimonial, se supone que ya hayas balanceado los pros y los contras de la misma. Si no lo haces, te puedes convertir en una persona que pierde su personalidad auténtica que adopta todos los gustos y decisiones de la pareja. Esto puede ser ya sea porque es demasiado flexible o porque no tiene suficiente coraje para afrontar una nueva vida.

Cuando empiezas a ver de tu pareja las cosas que no van con tu forma de ser y pensar es que hay una alarma en la relación. Y es que a veces la costumbre te ata y no te deja caer en cuenta que tu pareja pone sus prioridades por encima de las tuyas. Solo piensa en sus gustos y poco a poco llega a desplazarte haciéndote sentir como un cero a la izquierda. Te invita a pasar tiempo en lo que quiere. Se preocupa más como te ves o como luces en vez de preguntar cómo te sientes. Prefiere que solo hables sobre las cosas que a la otra persona le interesa, no los temas tuyos. Pone sus prioridades por encima de ti y no te toma en cuenta para muchas cosas.

Una relación que sólo te aporta horas de compañía no puede ser una relación para toda la vida.

Capítulo 37

FANTASMA EN LA LOMA

*"El momento más solitario en la vida de alguien
es cuando ve como su mundo se desmorona
y todo lo que puede hacer es mirar fijamente",
F. Scott Fitzgerald*

**Desde que nací viví en un lugar muy céntrico en la provincia
de La Habana.** Luego, hasta mis padres decidieron invertir y
construyeron una casa en un reparto que empezaba a desarrollarse en
una zona llamada el Nuevo Vedado. Nosotros residíamos en una casa
que era alquilada, súper grande, porque ahí era donde mi papá tenía el
negocio de la tintorería con el cual mantenía la familia.

Al terminar la construcción nos mudamos para la nueva casa. Estaba en
una calle llamada Loma, supongo que deba su nombre porque empezaba
en una elevación. Era un lugar muy solitario, ya que sólo existían tres
casas a lo largo de toda su extensión. En la parte más alta estaba la
primera casa, después iba disminuyendo el nivel del terrero donde
teníamos nosotros la nuestra. La tercera casa estaba a unas cuadras antes
del final de la calle. Ahí se veía la parte de atrás del Cementerio de Colón,
uno de los cementerios más grandes de Latinoamérica. Hoy en día
pienso, que quizás por la proximidad al cementerio, era por lo que no
me agradaba mucho ese lugar.

La casa era muy bonita y muy cómoda, aún mi memoria me da para
describirla. Algo que siempre me gustó mucho fue el jardín. Este era
hermosísimo porque estaba sembrado con un sin número de matas de
rosas grandes de color rojo Borgoña que rodeaban un hermoso pino de
tamaño mediano de un verde muy brillante. Ahí no me gustaba estar, me
aburría demasiado cuando no estaba en la escuela. A ambos lados de la
casa teníamos dos terrenos y, al fondo, quedaba una finca donde vivía
una familia que mis padres conocían. Ellos tenían distintos animales los
cuales se hicieron mis amiguitos. Uno de mis entretenimientos era salir

por la terraza de mi casa para llegar a esa finca. Me recostaba en el estanque donde las vacas tomaban agua pasando el tiempo mirando a los animales y hablándoles, aunque ellos no me contestaran. Cuando me cansaba volvía a la casa para seguir aburriéndome.

La soledad era demasiada, no se veían ni las almas del cementerio… Bueno, la verdad es que por la noche se podían ver desde mi casa pequeñas luces; algunas tenues y otras muy resplandecientes. Estas, llamadas fuegos fatuos, surgían de la nada y desaparecían rápidamente en el espacio. Este es un fenómeno que ocurre debido a los gases de la materia (fósforo y metano principalmente) que se eleva debido a sustancias orgánicas en estado de putrefacción. Según las creencias populares, también se asocia con los espíritus que no descansan.

Era temprano en la mañana cuando vi a mi mamá en la cocina, que estaba preparando la mezcla para hacer una panetela. Quería aprender a cocinarla y me paré dentro de la cocina de espalda a una ventana y de frente al pasillo que daba hacía los cuartos. Cuando ella estaba poniendo la mezcla en el horno me asusté mucho porque noté algo extraño. Sobresaltada le dije a mi mamá:

-   ¡Mira mami, un viejo blanco!

Posiblemente, yo estaba tan blanca como lo que había visto. ¡Que susto tan grande! Me aterroricé tanto que no me quería ni mover, cuando mami me dijo:

-   Ven, vamos a buscar, aquí no hay nadie. ¿Cómo era?

-   Era un viejo bien blanco que tenía el pelo lacio muy largo y todo canoso, con una bata blanca larga. No tenía puesto los zapatos y en vez de caminar flotaba.

Nos pusimos a buscar por toda la casa y no encontramos absolutamente nada. Por suerte para mí, nunca más he visto algo similar, aún no sé lo que sería, tal vez un fantasma, un espíritu o una entidad. También pienso hoy en día, que pudo haber sido parte de mi imaginación que se desarrolló al vivir tan cerca del cementerio.

Solamente vivimos ahí como tres años, no recuerdo bien. Papi tuvo que tomar la decisión de vender la casa nueva para volver a donde vivíamos anteriormente. El dueño le dio la opción de mudarse o comprar la casa vieja, no había que pensarlo mucho y optó por comprarla ya que ahí era donde tenía su negocio establecido por muchos años. El la remodeló y quedo muy bonita.

Estaba súper feliz, regresé a mi antiguo barrio dejando atrás la soledad. Aunque también quedaron los animalitos que habían estado ahí para entretenerme, lástima que no podían hablar. ¡Al fin, veía gente! Encontré una nueva amiga que se había recién mudado para el edificio de al lado de mi casa. Nos divertimos mucho hasta que la vida nos fue cambiando. Ya habíamos crecido y cada cual tomó un rumbo diferente.

Yo continué en la misma casa hasta que me casé. Mi esposo y yo comenzamos nuestra vida juntos en un apartamento que quedaba en el último piso de un edificio. Desde la terraza podíamos divisar una loma. En esa época la vida era demasiado complicada con el trabajo, los niños y demás problema que se presentaban. Hoy, mientras escribo es que me doy cuenta de esta coincidencia. Era la segunda vez que vivía cerca de una loma.

Han pasado muchos años de esta parte de mi vida. Según pasan nuestras etapas vividas, vamos acumulando experiencias que después nos sirven para contarle a nuestros hijos, nietos y también a amistades. Nuestra vida es un libro que, de vez en cuando, lo abrimos para recordar momentos vividos. De ahí, escogemos los capítulos que deseamos recordar; algunos nos agradan más que otros, pero todos nos pertenecen y nos dan la opción de repetirlos o no.

Capítulo 38

LA SOLEDAD DE LA MONTAÑA

"Creí que era una aventura
y en realidad era la vida",
Joseph Conrad

Mi hijo había planeado unas vacaciones de familia. Ellos
tenían la idea de ir a Salt Lake City, Utah, Estados Unidos. Éramos
varios: El con la esposa, la hijita, la perrita, la suegra, mi hija, mi esposo
y yo. También más tarde se nos unieron el hermano de mi nuera con la
esposa y el hijo. La casa donde estuvimos era muy grande y moderna, no
estaba apartada ya que había muchas construcciones en la zona. Cuando
salíamos hacia las montañas, las carreteras eran estrechas y con cantidad
de curvas. Yo tenía tanto miedo que a veces cerraba los ojos para no ver
el abismo.

Compartimos la mesa, salimos a distintos lugares, conversamos mucho
y también nos reímos bastante. Mi esposo y yo hicimos senderismo por
la montaña junto a ellos, ya que aún estábamos lo suficientemente fuertes
como para lograrlo. Diría que estas fueron unas bonitas vacaciones,
como una verdadera familia, ya que nosotros respirábamos muy buena
energía. Doy gracias por haber podido participar en esta aventura. Ha
sido un recuerdo muy bonito.

En otra ocasión, mi hijo con su esposa y la hija iban a salir de vacaciones
a Ashville, Carolina del Norte. El nos dijo que su suegra iba a ir y que
fuéramos nosotros para compartir con ellos. Esta vez no estaba tan
embullada por volver a la montaña, ya que íbamos para una montaña
altísima donde sólo se encontraba una casa. Pensé en cómo sería la
elevación y la soledad. Al fin decidí ir porque pensé que era otra
oportunidad para estar junto a ellos y mi nieta.

En esta ocasión, ellos salieron en carro antes que nosotros, ya que
querían hacer un viaje por carretera y ver unas amistades en distintos
puntos. Ellos saldrían una semana antes y nosotros junto con la suegra

iríamos después en avión. Ya ellos tenían todo planeado de antemano y cuando llegamos mi hijo nos fue a recoger al aeropuerto.

En el camino a la casa, vimos montañas inmensas, árboles gigantes y toda la naturaleza en su esplendor. No quiero ni acordarme del sendero y las curvas que el carro tenía que coger para subir a la casa. Ya mi hijo me había comentado sobre el camino empinado y angosto que había que recorrer para llegar a la casa, la cual se encontraba sola, sobre una de las montañas más altas. Yo diría que esta casa estaba en ... *la cima del cielo*, como dice la canción.

Estas vacaciones fueron diferentes a las de Utah. No tuvimos la oportunidad de compartir mucho en familia, la energía era diferente; pero por lo menos estábamos en la misma casa. Gracias, se agradece, pero si tengo otras vacaciones no pienso volver a la soledad de la montaña; pensé en aquel entonces.

Sin embargo, hace cerca de dos años mi hija y su esposo se mudaron para la ciudad de Los Angeles, California. Desde entonces ella venía a vernos siempre, pero a la vez nos insistía en que fuéramos nosotros a su casa. Una de esas veces, cuando ella vino a visitarnos, nos decidimos y nos fuimos con ella a L.A.

Mi yerno nos recogió en el aeropuerto. Entonces, pude darme cuenta que la distancia era bastante y que nos pasaba de nuevo por muchas montañas. Llegamos a casa de mi hija de noche, y no me percaté donde estábamos realmente hasta por la mañana siguiente cuando salimos al patio. Ahí noté que ella vive en una montaña, donde se ve la playa de lejos y el paisaje muy bonito.

Mi yerno manejó mucho y nos llevó a dos pueblos de campo. Pasamos por muchas montañas, hasta llegar a Santa Monica, Santa Bárbara y otros lugares bien céntricos. En el trayecto manejamos por toda la costa donde íbamos viendo las playas, pero no tuvimos la oportunidad de disfrutar del agua.

Lo que más me gustó fue la compañía de mi hija. Estuvimos muchas horas juntas en la casa, aprovechamos el tiempo para editar uno de mis libros. También, pudimos ver a mis nietas, las mayores. Ellas trabajan, pero como no viven cerca y las distancias son tan largas no tuvimos tiempo de vernos mucho. Aunque mi hija vive en un edificio, donde hay más construcciones, no deja de estar apartado. Para ir a cualquier lugar hay que manejar, ya que es una ciudad muy grande. En fin, por una razón u otra casi siempre termino entre montañas y lomas, debe ser parte de mi destino.

Capítulo 39

OCULTANDO LA VERDAD ...

"Una mentira que es verdad a medias
es la más oscura de todas las mentiras",
Alfred Lord Tennyson

Muchos piensan que ocultar una verdad no es lo mismo que
decir mentiras. Yo particularmente, considero que las dos tienen el
mismo significado. Simplemente puede cambiar la forma de expresión.

Es muy decepcionante darse cuenta que la persona a la cual le tenemos
aprecio o cariño nos está engañando. Me entristece al darme cuenta que
está ocultando algo o, lo que es lo mismo, diciendo una mentira con
apariencia de verdad.

Las personas mentirosas, cuando llegamos a conocerlas bien, podemos
apreciar que con sus gestos y expresiones que se delatan solos y no nos
pueden engañar tan fácilmente. Muchos de estos personajes ya son
adictos a decir mentiras y hasta llegan al extremo en que se las creen ellos
mismos. Yo diría que son mentirosos crónicos que mienten por placer
de una manera muy activa. Ellos son bastante fáciles de identificar,
inventan tantos cuentos que llega el momento que se enredan en su
propia madeja y se les olvida lo dicho anteriormente. Es ahí donde
sabemos que nos engañan y todo ha sido pura mentira.

Por otro lado, los que quieren ocultar la verdad no se expresan
verbalmente. Ellos simplemente evitan, por todos los medios, hablar
sobre el asunto; mienten pasivamente. Cuando se le preguntan
directamente, tratan de comentar algo muy superficial o en muchas
ocasiones hasta desvían muy habilidosamente el tema de conversación.
Si por casualidad se ven precisados a contestar, solamente hablarán a
medias del asunto, tratando siempre de guardar la parte que ellos han
decidido ocultar por una razón u otra. Son personas muy astutas, que
premeditan todo lo que quieren hacer. La lealtad no es su mayor virtud.

Las personas que ocultan la verdad, actúan calladamente y siempre buscan excusas para lograr su objetivo sin importarles a quienes pueden perjudicar.

Se puede mentir por costumbre, por miedo, por falta de lealtad y por muchas más razones, pero esto siempre va a hacer sentir mal emocionalmente al que escucha. Aunque se oculte algo por no perjudicar a alguien, siempre va a salir a relucir la verdad. Por eso, es mejor ser siempre honestos nos duela o no.

Capítulo 40

SE BUSCA UNA SONRISA ...

"Deberías de distinguir entre el bien y el mal
¿Bien y mal? ¿Y cómo lo sabré?
La conciencia de lo dirá",
Pinocho, Carlo Collodi

ANUNCIO

UNA NIÑA DE SEIS AÑOS ESTÁ MUY TRISTE PORQUE HA PERDIDO UN PAR DE
DIENTES, PERO NOSOTROS ESTAMOS MÁS TRISTES PORQUE HEMOS PERDIDO
UNA ALEGRE SONRISA.

POR FAVOR, SI ENCUENTRAN LA SONRISA, COMUNÍQUESE CON LA MAESTRA
DEL SALÓN LO ANTES POSIBLE. TODOS ESTAREMOS MUY FELICES DE
TENERLA ENTRE NOSOTROS.

SERÁ RECOMPENSADO CON ALEGRÍA.

¡GRACIAS!

Buscando en mi baúl de los recuerdos, hoy encontré este cuento
que me llenó de satisfacción. Quería compartirlo con ustedes, pero es
muy largo y preferí solamente escribir la parte del anuncio.

Muchas veces, cuando cuidaba a mis nietas, me ponía a jugar con ellas.
Uno de los entretenimientos era leerles libros de cuentos o inventarle

175

uno sobre cualquier tema que se me ocurriera, siempre que lograra cumplir el cometido de darle una enseñanza.

Había una vez … hace muchos años, cuando mis nietas eran pequeñas, acostumbraba a jugar con ellas y siempre terminaba leyéndole un libro de cuentos. La niña mayor, Natalie, estaba empezando a mudar los dientes de leche y se mostraba muy preocupada, porque creía que se iba a quedar sin ellos para siempre. Estaba tan enfocada en la pérdida de sus dientes que apenas se reía, ni quería retratarse cuando fotografiaban el grupo en las fotos de la escuela. Siempre parecía que estaba disgustada porque evitaba que la vieran riéndose.

Después de escuchar el cuento, le dio un ataque de risa ya que se identificó con el personaje. La reacción de mi nieta, me dio impulso para escribir este cuento de la sonrisa. Yo lo disfruté tanto como ellas y no quería que se me olvidara.

Hacerles cuentos a los niños me resulta fascinante. Ellos se quedan tranquilos escuchando con mucha atención. A veces es como si se trasladaran al mundo de la fantasía o imaginación y nos llevan con ellos, haciéndonos parte del relato. Los miramos y vemos las diferentes expresiones que muestran en el rostro y con esto es suficiente para que nuestra imaginación vuele bien lejos hasta lugares y situaciones increíbles.

Los cuentos por lo general benefician tanto a los niños como a los adultos. Esta actividad crea lazos afectivos entre todos y ayuda mucho a los niños con la atención, la creatividad y la memoria. También, estimula el desarrollo oral y la comprensión lo cual hará que entiendan más rápidamente todo lo que deben de saber para su futuro.

Ya cuando somos adultos, cambia el propósito de los cuentos. No podemos "vivir del cuento" ya que hay que luchar para lograr un futuro. No se debe creer en todos los cuentos que nos hacen porque, por lo general, son nada más que eso … cuentos inventados.

Mensaje Final

CICLO DE VIDA

> *"Al final, lo que importa*
> *no son los años de vida*
> *sino la vida de los años",*
> *Abraham Lincoln*

Una música celestial se escuchaba en lo alto, increíblemente melodiosa. Allá, muy lejos, flotando entre las nubes se encontraba la Diosa de la Vida, dando paso con cada nota a una nueva generación.

Aquel árbol parecía un gigante entre los demás, su fortaleza y belleza abarcaban un gran espacio. Aunque aún mantenía su elegancia ya sus hojas no brillaban tanto. Un día brotó una nueva rama, era pequeña y erguida con unas diminutas hojas de un verde muy claro.

Al pasar los meses esa rama se fue transformando, fortaleciéndose y llegando a sostener unas grandes hojas de un verde brillante. Mientras el gran árbol se iba debilitando, le costaba trabajo llevar el peso de sus ramas y sus hojas cada día se veían más mustias.

La rama siguió desarrollándose dándole vida a otras ramas de las cuales brotaron flores, que más tarde se convirtieron en frutos. Cuando estos estuvieron listos y cayeron, las ramas se entrelazaron, formando una resplandeciente corona de hojas verdes en la cúspide del viejo árbol.

Entonces, allá a lo lejos, se escuchó una hermosa música celestial. Era la Diosa de la Vida que se marchaba...

FIN

ESCRIBE TU PROPIA HISTORIA

Hacer un libro y llegar a publicarlo no es tan fácil como parece, pero se puede lograr siempre y cuando usted ponga el empeño suficiente. En realidad, la imaginación creativa no descansa, siempre está en función.

Cada vez que nuestros pensamientos nos llegan a la mente nace una nueva idea. Nos pueden venir vertiginosamente, todas a un mismo tiempo y espacio, de manera tal que no las podemos asimilar todas. Después comenzamos a escribir aquella que se nos quedó grabada por más tiempo y no sabemos cómo continuarla.

Entonces, nos detenemos por un rato a pensar y es cuando volvemos a recibir todos esos mensajes rápidos que nos llegan. Si dejamos pasar mucho tiempo, se nos puede borrar la idea inicial que captamos y sólo logramos saturarnos la mente con más información.

No se nace sabiendo, pero si tratamos de transformar las idas en proyectos nos damos cuenta cuales son nuestras aptitudes. Quizás se tarde años en desarrollar estas habilidades, pero sólo con la práctica y el empeño se puede lograr. No es sólo pensar en las ideas, sino iniciar con ellas el proyecto.

Crea tu libro

A continuación, les doy a los lectores algunos de mis títulos para comenzar a escribir, adaptándolos así a sus propias vidas. Tal vez, de esta manera, yo pueda ayudarlos a iniciar su propia historia.

DEDICATORIA
¿A quién le dedicarías tu obra, tu libro?

_____

_____

_____

_____

INTRODUCCIÓN
Si tuvieras que presentar tu libro ante el público,
¿de qué forma lo harías?

_____

_____

_____

_____

QUEREMOS DECIR TANTAS COSAS...
¿Qué es lo que a ti te gustaría decir que tal vez no
hayas dicho en mucho tiempo?

_____

_____

_____

_____

VALORES SOSTENIDOS A TRAVÉS DEL TIEMPO
¿Cuál es tu experiencia significativa de tu "antes"?

_____

_____

_____

_____

I LOVE YOU, MAMI...
¿Quién te ha demostrado su amor?

_____

_____

_____

_____

¡GRACIAS!
¿A quién sientes que le debes las gracias? ¿Y por qué razón?

_____

_____

_____

_____

RECUERDOS GUARDADOS ...

¿Cuáles son aquellos recuerdos que guardas muy dentro de ti? ¿Son buenos, o no tanto? ¿Cómo los canalizas?

_____

_____

_____

_____

CELEBREMOS EL CUMPLEAÑOS ...

¿Qué significado tiene para ti celebrar tu cumpleaños, así como el de tus seres queridos y amigos?

_____

_____

_____

_____

HASTA DÓNDE SOMOS CAPACES

¿Qué experiencia te hace detener ante las dificultades?

_____

_____

_____

_____

SORPRESA DE NAVIDAD ...

Has recibido alguna sorpresa navideña. ¿Qué significó para ti?

_____

_____

_____

_____

DISFRUTEMOS EL PRESENTE ...

¿Qué es lo que tienes en el presente, sin pensar en el pasado, para que puedas ser capaz de programar tu futuro?

_____

_____

_____

_____

REALIDAD Y FANTASÍA...

¿Qué es para ti real y qué piensas de las fantasías?

_____

_____

_____

_____

REACCIONES ...

El ser humano tiene diferentes formas de reaccionar. ¿Cómo lo haces tú de acuerdo a las circunstancias que se te presentes?

_____

_____

_____

_____

MERECEMOS MÁS...

¿Hay algún animalito que te haya llenado la vida? ¿Quién? Si no, ¿por qué no?

_____

_____

_____

_____

SABER OTRO IDIOMA...

¿Cuál tú crees que sea la ventaja de saber otro idioma?

_____

_____

_____

_____

AMAR A NUESTROS SEMEJANTES...

No es solamente amarnos a nosotros mismos,
sino también pensar en amar a otras personas
¿Qué crees de esto?

_____

_____

_____

_____

OCULTANDO LA VERDAD ...

Nos damos cuenta que la mentira puede ser
activa o pasiva, pero siempre sale a relucir.
¿Cómo planteas tú las verdades en la vida?

_____

_____

_____

_____

CICLO DE VIDA...

¿Durante las etapas que has pasado, cuál crees
que ha sido la más satisfactoria y valiosa que te ha
dejado un regalo en la vida o que te enorgullece
compartir?

_____

_____

_____

*Aquí, te he obsequiado
con algunos de mis títulos
para ayudarte a comenzar.*

*Ahora, date tú la oportunidad
de escribir tu libro...*

Mayte Galdo

SOBRE LA AUTORA

"Haz con tu vida una obra maestra
donde se llenen de colores tus acciones", Mayte Galdo

***

MARIA TERESA GALDO (Mayte) es una gran creadora empírica. En sus escritos enseña historietas de cuentos infantiles, novelas cortas y relatos de la vida real, para que el lector saque sus propias conclusiones. Desde niña, esta parte de su creación innata sale a la luz inclinada siempre hacia todo lo que tuviese que ver con el arte.

Hoy, ya abuela de tres bellas nietas, cuando no está utilizando su pluma, que la lleva por los mundos de su imaginación, sus lienzos en acrílico muestran pinturas que representan los caminos de la vida. La cubierta de este libro, y la imagen que verán en la sección de la Introducción, son dos de sus muchas obras de arte.

Mayte vive actualmente con su esposo en la ciudad de Miami, FL, donde plasma en sus lienzos maravillosas pinturas y escribe sus obras literarias. Una de ellas es su novela PENSANDO EN TI, la cual será lanzada próximante para el deleite de sus lectores.

www.ingramcontent.com/pod-product-compliance
Lightning Source LLC
Chambersburg PA
CBHW071325120626
46546CB00002B/437